LUGAR NENHUM
MILITARES E CIVIS
NA OCULTAÇÃO DOS
DOCUMENTOS DA
DITADURA

LUGAR NENHUM
MILITARES E CIVIS NA OCULTAÇÃO DOS DOCUMENTOS DA DITADURA

COLEÇÃO ARQUIVOS DA REPRESSÃO NO BRASIL

LUCAS FIGUEIREDO

COORDENADORA DA COLEÇÃO
HELOISA M. STARLING

COMPANHIA DAS LETRAS

Copyright © 2015 by Lucas Figueiredo

Grafia atualizada segundo o Acordo Ortográfico da Língua Portuguesa de 1990, que entrou em vigor no Brasil em 2009.

PROJETO GRÁFICO E CAPA
Kiko Farkas e Ana Lobo/ Máquina Estúdio

FOTO DE CAPA
Orlando Brito

PREPARAÇÃO
Alexandre Boide

ÍNDICE REMISSIVO
Luciano Marchiori

REVISÃO
Huendel Viana
Angela das Neves

Dados Internacionais de Catalogação na Publicação (CIP)
(Câmara Brasileira do Livro, SP, Brasil)

Figueiredo, Lucas

    Lugar nenhum: militares e civis na ocultação
    dos documentos da ditadura / Lucas Figueiredo.
    – 1ª ed. – São Paulo : Companhia das Letras, 2015.

    ISBN: 978-85-359-2640-8

    1. Ação civil 2. Brasil – Política e governo – 1964-1985 – Fontes
    3. Ditadura – Brasil – História 4. Documentos – Fontes
    5. Militarismo 6. Perseguição política I. Título.

15-07801   CDD – 320.981

Índice para catálogo sistemático:
1. Brasil : Ditadura : História   320.981

[2015]
Todos os direitos desta edição reservados à
EDITORA SCHWARCZ S.A.
Rua Bandeira Paulista, 702, cj. 32
04532-002 – São Paulo – SP
Telefone: (11) 3707-3500
Fax: (11) 3707-3501
www.companhiadasletras.com.br
www.blogdacompanhia.com.br

para
Roberto Marques Berutto
(*in memoriam*)

SOBRE OS SILÊNCIOS DA DITADURA MILITAR
         — HELOISA M. STARLING I
LISTA DE SIGLAS 8
INTRODUÇÃO 11

1º ATO — PRESERVAR 15
2º ATO — ESCONDER 48
3º ATO — MENTIR 57
4º ATO — CALAR-SE 74

APÊNDICE 133
NOTAS 155
FONTES 183
AGRADECIMENTOS 188
CRÉDITOS DAS IMAGENS 208
ÍNDICE REMISSIVO 211

SOBRE OS SILÊNCIOS DA DITADURA MILITAR

Heloisa M. Starling

ENTRE OS MESES DE NOVEMBRO DE 2012 e julho de 2013, uma pequena equipe que combinava jornalistas e historiadores foi montada pela Comissão Nacional da Verdade com a tarefa de desenvolver pesquisas numa área delicada de investigação: a estrutura de informação e repressão política construída pela ditadura militar brasileira, entre os anos de 1964 e 1988. Provavelmente era a primeira vez que ocorria uma experiência desse tipo no Brasil. A equipe mista tinha como objetivo localizar os acervos documentais produzidos pelos serviços secretos militares: Centro de Informações da Marinha (Cenimar); Centro de Informações do Exército (CIE); Centro de Informações de Segurança da Aeronáutica (Cisa); Centro de Informações do Exterior (CIEx).

Os jornalistas cultivavam havia anos boas fontes na área militar e a eles coube a complicada operação de encontrar e apurar as informações capazes de revelar ao menos uma parte da história que não coincide com o que os militares querem contar — e analisá-las da maneira mais objetiva e fiel possível. Já os historiadores tinham a seu cargo outra ordem de problemas: os documentos por si só não dizem nada, ou quase nada, e fazê-los falar não é uma tarefa simples. É preciso explorar posições desconhecidas, conhecer outras fontes, alimentar novas perguntas. A história argumenta sempre.

Jornalistas e historiadores partilhavam algumas convicções. Ambos sabiam que não podiam mentir nem deixar mentir. A isso que os pesquisadores procuravam, Hannah Arendt chamou de "verdade factual": a ostentação pública de fatos que não podem ser modificados pela vontade de quem ocupa o poder, nem podem ser demovidos a não ser por força de mentiras cabais. E então, quando o resultado de uma das pesquisas trouxe à tona um conjunto razoável de documentos confidenciais, sigilosos e ultrassecretos gerados no interior da instituição militar e revelou que as Forças Armadas muito possivelmente ainda conservam seus próprios arquivos sobre o período da ditadura, jornalistas e historiadores chegaram à mesma conclusão: os fatos não coincidiam com aquilo que os militares estavam dispostos a assumir em público e existem segredos que não se quer divulgar.

Nos quase trinta anos que nos separam do fim da ditadura, jornalistas e historiadores desempenharam papel importante nos procedimentos de redemocratização do país. As reportagens sobre corrupção, mordomias e sobre os desaparecimentos, assassinatos e tortura de opositores políticos durante o governo dos militares, de um lado, e a extensa literatura historiográfica produzida sobre o período, de outro, provocaram a memória do país sobre sua história recente. E contribuíram para que essa memória sobre a ordem política gerada pela ditadura e sobre os crimes cometidos pela ditadura seja encarada como uma necessidade jurídica, moral e política, necessária para a consolidação de nossa experiência democrática.

A Coleção Arquivos da Repressão no Brasil guarda um pouco dessa história e conserva muito desse espírito. É uma coleção aberta a todos os interessados em envolver-se com os desafios de nosso passado recente — seus debates, seus não ditos, os impasses aos quais eles nos conduzem e as evidências em que estão apoiados. Afinal, são muitos os silêncios que organizam a memória do Brasil sobre os anos da ditadura militar. Permanece o silêncio sobre o apoio da sociedade brasileira e, acima de tudo, sobre o papel dos empresários dispostos a participar na gênese da ditadura e na sustentação e financiamento de uma estrutura repressiva muito ampla que materializou sob a forma de política de Estado atos de tortura, assassinato, desaparecimento e sequestro. Também existe silêncio sobre as práticas de violência cometidas pelo Estado contra a população e direcionadas para grupos e comunidades específicos — especialmente as violências cometidas contra camponeses e povos indígenas. Continua até hoje o silêncio em torno da construção e do funcionamento da complexa estrutura de informação e repressão que deu autonomia aos torturadores; prevaleceu, em muitos casos, sobre as linhas de comando convencionais das Forças Armadas; utilizou do extermínio como último recurso de repressão política; alimentou a corrupção; produziu uma burocracia da violência; fez da tortura uma política de Estado. E ainda sabemos muito pouco sobre a repressão aos militares que não apoiaram o golpe, sobre as condições de clandestinidade, ou sobre a vida no exílio dos opositores políticos da ditadura.

Esta coleção tem a ambição de alcançar um público amplo — acadêmico e não acadêmico — e o desafio de apresentar um relato denso e fluido, claro e consistente. Se o tempo presente é nosso principal desafio, se temos hoje uma Democracia consolidada — mas uma República frágil e inconclusa — e se precisamos nos aparelhar para o futuro, conhecer o passado é uma das boas maneiras de se chegar a ele. Para isso servem as histórias que esta coleção pretende contar. Para nos lembrar do brasileiro que fomos e que deveríamos ou poderíamos ser; e para lembrar-nos de um país que tem um passado e precisa indubitavelmente ser melhor do que o Brasil que temos hoje.

LUGAR NENHUM

LISTA DE SIGLAS

Abin Agência Brasileira de Inteligência
ABL Academia Brasileira de Letras
AGU Advocacia Geral da União
AI Ato Institucional
ALN Ação Libertadora Nacional
AMFNB Associação de Marinheiros e Fuzileiros Navais do Brasil
BC Batalhão de Caça
CEMDP Comissão Especial sobre Mortos e Desaparecidos Políticos do Ministério da Justiça
Cenimar Centro de Informações da Marinha
CGI Comissão Geral de Investigações
CIDH Comissão Interamericana de Direitos Humanos
CIE Centro de Informações do Exército (a partir de 1993, Centro de Inteligência do Exército)
Cisa Centro de Informações de Segurança da Aeronáutica
CNV Comissão Nacional da Verdade
Colina Comando de Libertação Nacional
CPDOC/FGV Centro de Pesquisa e Documentação de História Contemporânea do Brasil da Fundação Getulio Vargas
CSN Conselho de Segurança Nacional

DI Departamento de Inteligência
DOI/Codi Destacamento de Operação de Informações/ Centros de Operação de Defesa Interna
Dops/SP Departamento de Ordem Política e Social da Polícia Civil de São Paulo
DSI Divisão de Segurança e Informações
EMFA Estado-Maior das Forças Armadas
FAFICH Faculdade de Filosofia e Ciências Humanas (UFMG)
GC Grupo de combate
GSI Gabinete de Segurança Institucional
GTT Grupo de Trabalho Tocantins
MPF Ministério Público Federal
MR-8 Movimento Revolucionário Oito de Outubro
MRT Movimento Revolucionário Tiradentes
OAB Ordem dos Advogados do Brasil
Oban Operação Bandeirantes
OEA Organização dos Estados Americanos
ONU Organização das Nações Unidas
PCB Partido Comunista Brasileiro
PCdoB Partido Comunista do Brasil
PDT Partido Democrático Trabalhista
PF Polícia Federal
PL Partido Liberal
PMDB Partido do Movimento Democrático Brasileiro
PRN Partido da Reconstrução Nacional
PSDB Partido da Social Democracia Brasileira
PT Partido dos Trabalhadores
PV Partido Verde
SFICI Serviço Federal de Informações e Contrainformação
SG/CSN Secretaria Geral do Conselho de Segurança Nacional

SNI Serviço Nacional de Informações
SSI Subsecretaria de Inteligência
UFF Universidade Federal Fluminense
UFMG Universidade Federal de Minas Gerais
UFRJ Universidade Federal do Rio de Janeiro
UNE União Nacional dos Estudantes
USP Universidade de São Paulo
VAR-Palmares Vanguarda Armada Revolucionária Palmares
VPR Vanguarda Popular Revolucionária

INTRODUÇÃO

EM 1970, O TENENTE-CORONEL ENIO MARTINS SENNA servia na Secretaria Geral do Conselho de Segurança Nacional (SG/CSN), órgão da Presidência da República. Era oficial de artilharia com função meramente burocrática. Seu trabalho: produzir pareceres na área econômica. Naquele ano, ao ser avaliado por seus superiores, Senna recebeu o conceito excelente nos quesitos lealdade e amor à verdade. Excelentes também eram sua energia e perseverança, seu espírito de camaradagem e sua noção de responsabilidade. Resistência à fadiga? Excelente! Capacidade de expressão (escrita e oral)? Excelente! No exame de desempenho relativo ao segundo semestre de 1969, em 21 quesitos distribuídos em grupos (caráter, inteligência, espírito e conduta militar, cultura profissional e geral, conduta civil, capacidade como chefe, capacidade como administrador e capacidade física), o militar não obteve nenhum conceito "I" (insuficiente), "R" (ruim), "B" (bom) ou "MB" (muito bom). Apenas "E" (excelente), o que resultou no conceito final "E". O responsável pelo exame, coronel Lourival Massa da Costa, chefe da SG/CSN, enviou seu parecer ao secretário-geral, e este, no mesmo dia, 29 de janeiro de 1970, despachou o documento: "concordo com o conceito emitido", escreveu o oficial, assinando em seguida seu nome e patente com uma letra que começava miúda e aumentava à medida que avançava: general de brigada João Baptista de Oliveira Figueiredo.[1]

A avaliação do tenente-coronel Senna faz parte de um lote de 97 documentos de 1970 que compõe o acervo sigiloso da Secretaria Geral do Conselho de Segurança Nacional.[2] O conjunto foi integralmente preservado e encontra-se hoje no Arquivo Nacional, disponível à consulta pública. Quem tiver curiosidade de folhear as 356 páginas do lote, além de poder ver a ficha funcional de Senna e de vários de seus colegas, terá acesso a uma infinidade de informações. Um exemplo: em julho de 1970, encontrava-se licenciado do contingente da SG/CSN o ex-cabo Ronaldo Conceição dos Santos Rodrigues (25 anos, "cútis morena", 1,82 metro, cabelo castanho-escuro liso, olhos também castanhos de tamanho "médio", burocrata que escrevia à máquina com aptidão para dirigir carro, pilotar moto e andar a cavalo).[3] Saberá ainda que, em 1970, as Forças Armadas, alinhadas com a Comissão de Minas e Energia da Câmara dos Deputados e com a Comissão Nacional de Energia Nuclear, consideravam inconveniente a aprovação do projeto de lei nº 232/67, que previa a criação de um órgão federal de energia nuclear, a Atomobrás — segundo a SG/CSN, um projeto "eivado de erros técnicos", redundante e contraditório.[4]

Nos dias atuais, para o bom entendimento da história do Brasil no regime militar (1964-85), não são importantes o registro funcional do tenente-coronel Senna, a ficha pessoal do ex-cabo Ronaldo e as considerações da cúpula militar do governo do ditador Emílio Garrastazu Médici sobre um projeto de lei natimorto. Muito mais relevantes seriam, por exemplo, os papéis sigilosos do atentado do Riocentro — o malsucedido ataque a bomba realizado por militares ligados ao serviço secreto do Exército em um centro de convenções no Rio de Janeiro onde 20 mil pessoas assistiam a um show do Dia do Trabalhador. O atentado aconteceu em 1981, quando o Brasil era governado pelo general João Baptista de Oliveira Figueiredo, o mesmo que, onze anos antes, abonara todos os conceitos "E" da folha corrida do tenente-coronel Senna. Detalhe: Figueiredo fora informado do atentado com mais de um mês de antecedência.[5]

O país vive hoje, contudo, a singular condição de conhecer os papéis sigilosos que mostram o que Figueiredo pensava sobre o caráter de um burocrata e, ao mesmo tempo, de ignorar informações básicas sobre uma operação terrorista gestada dentro do Estado e que culminou, no governo do mesmo Figueiredo, com uma bomba explodindo por acidente no colo do sargento do Exército Guilherme Pereira do Rosário. Igualmente reveladores, do ponto de vista histórico, seriam os documentos sigilosos das campanhas das Forças Armadas contra a Guerrilha do Araguaia, levadas a cabo no início da década de 1970 e que até hoje deixam um saldo inexplicável, por parte do Estado brasileiro, de 65 desaparecidos políticos.[6] Dessa época, porém, o que as Forças Armadas puseram à luz foi a ficha funcional do ex-cabo Ronaldo.

Passadas três décadas do fim do regime militar, o Estado brasileiro ainda não abriu os arquivos secretos que poderiam elucidar o destino dos 243 desaparecidos políticos e a cadeia de comando responsável pelas 434 vítimas fatais da ditadura civil-militar.[7] Desde 1985, quando o Brasil voltou a ser governado por um civil, as Forças Armadas se negam a dar satisfações detalhadas sobre o paradeiro de papéis que contam um pedaço da história do país. Posição, aliás, aceita de forma resignada por todos os presidentes do período: José Sarney (1985-90), Fernando Collor (1990-2), Itamar Franco (1992-4), Fernando Henrique Cardoso (1995--2002), Luiz Inácio Lula da Silva (2003-10) e, até o momento, também no governo de Dilma Rousseff (iniciado em 2011). De lá para cá, mesmo com todo o esforço feito por familiares das vítimas, pelo Ministério Público, por congressistas, por autoridades do Executivo e do Judiciário, pela imprensa, por historiadores e, mais recentemente, pela Comissão Nacional da Verdade, apenas acervos na sua maioria desimportantes foram abertos pelas Forças Armadas. Nos arquivos públicos que hoje abrigam documentos da ditadura, sobram papéis com informações irrelevantes — como as do tenente-coronel Senna, do ex-cabo Ronaldo e do projeto da Atomobrás — e faltam documentos que esclareçam os crimes praticados de forma sistemática por agentes do Estado no período (sequestro, tortura, assassinato, desaparecimento, ocultação de cadáver etc.). Por que não temos acesso a esses documentos? Ou melhor: por que e por culpa de quem?

Nas páginas seguintes, em uma história em quatro atos, tentarei responder a essas perguntas.

1º ATO
PRESERVAR

QUANDO OS MILITARES CHEGARAM AO PODER, em 1964, a caserna vivia uma luta interna. De um lado, oficiais tidos como moderados, conhecidos maldosamente como *grupo da Sorbonne* por causa da formação ilustrada de muitos de seus membros. Do outro, a *ala dos duros*, formada, como o próprio nome indica, por radicais.[1] Os moderados acreditavam que a ditadura seria breve e que, durante sua vigência, a violência contra os opositores seria usada com parcimônia. Já os duros previam um longo e penoso caminho até a destruição, no sentido estrito da palavra, da "ameaça comunista" que rondava o Brasil. Num primeiro momento, o grupo da Sorbonne saiu na frente e conseguiu fazer de seu líder-mor, general Humberto Castello Branco, o presidente da República. Durante três anos, a *Sorbonne* mandou no Palácio do Planalto. Na sucessão de Castello Branco, porém, em 1967, foi a vez de a ala dos duros tomar as rédeas do país, com o ministro da Guerra, general Arthur da Costa e Silva, ascendendo à cadeira presidencial.

Já havia algum tempo, Costa e Silva defendia a ideia de reforçar a estrutura dos serviços secretos do Exército, da Marinha e da Aeronáutica com o objetivo de transformá-los em órgãos centrais da repressão. O general acreditava que isso seria possível a partir de duas mudanças profundas no desenho institucional das Forças Armadas. A primeira: em vez de se ocuparem apenas da coleta e análise de informações a fim de abastecer os setores militares operacionais, como era tradição nas Forças Armadas, os serviços secretos do Exército, da Marinha e da Aeronáutica participariam diretamente da luta. Seriam transformados em grupos de elite trabalhando ao mesmo tempo com informação e força. Uma espécie de superpolícia política voltada para o estudo, o combate e a aniquilação do chamado "inimigo interno", ou seja, qualquer pessoa ou grupo identificado como opositor ao regime militar. A segunda mudança pretendida por Costa e Silva era ainda mais ousada. Além de ganharem musculatura, os serviços secretos militares ganhariam poder, passando a responder unicamente ao gabinete do ministro de sua respectiva força. Para o rígido sistema hierárquico das Forças Armadas, era uma proposta polêmica. Um posto avançado do serviço secreto do Exército no interior do Pará, por exemplo, mesmo que tivesse apenas um tenente como oficial mais graduado, não seria subordinado à unidade militar da cidade onde se localizava ou ao comando da capital, em Belém, ou mesmo ao Estado-Maior da força terrestre em Brasília. Prestaria contas apenas ao gabinete do ministro do Exército. Assim, ao serem dispensados de prestar obediência a seus superiores hierárquicos nas unidades militares local, regional e central, os membros dos serviços secretos do Exército, da Marinha e da Aeronáutica passariam a gozar de considerável autonomia, uma palavra até então tabu nas Forças Armadas.[2]

Ainda em 1967, menos de cinco meses após tomar posse, Costa e Silva começou a botar seu plano de pé. Em maio, o general baixou um decreto em que criava o novo serviço secreto da força terrestre. Seu nome: Centro de Informações do Exército (CIE).[3]

O presidente pretendia fazer o mesmo na Marinha e na Aeronáutica, mas seu tempo no poder foi curto. Vítima de uma isquemia cerebral, Costa e Silva foi afastado da Presidência em agosto de 1969, vindo a morrer pouco depois.

O sucessor de Costa e Silva, general Emílio Garrastazu Médici, era da ala dos duros, o que garantiu a continuidade do projeto de reformulação nos serviços secretos militares. Em 1970, o novo presidente concedeu poderes adicionais ao serviço secreto da força aérea, que passou a se chamar Centro de Informações de Segurança da Aeronáutica (Cisa). No mesmo ano, o processo foi concluído com as mudanças no serviço secreto da força naval, que continuaria com o mesmo nome: Centro de Informações da Marinha (Cenimar).

Apesar de atuarem em faixas próprias e de manterem certa rivalidade entre si, os serviços secretos militares conservavam um relacionamento estreito. Trocavam informações e análises, dividiam nichos no sistema da repressão e protegiam-se mutuamente.

A parceria entre CIE, Cisa e Cenimar tinha um quarto vértice: o Serviço Nacional de Informações (SNI). Criado logo após o golpe de 1964 pelo general Golbery do Couto e Silva, guru do grupo da Sorbonne, o SNI tinha um desenho institucional único e bem diverso em relação ao dos serviços secretos militares. A rigor, o *Serviço*, como era conhecido internamente, era um órgão civil, apesar de controlado por militares e operado com a filosofia castrense (estudar o inimigo e neutralizá-lo). Subordinado diretamente à Presidência da República, seu chefe tinha status de ministro de Estado e gabinete no Palácio do Planalto (quarto andar, sala 17, um andar acima da ala presidencial). O Serviço Nacional de Informações era tão influente dentro do governo e no Alto-Comando das Forças Armadas que dois de seus ministros-chefes se tornariam presidentes — Médici (1969-74) e Figueiredo (1979-85). Diferentemente do CIE, do Cisa e do Cenimar, o SNI não atuava na repressão. Não sequestrava, prendia, torturava nem matava, pelo menos não de forma direta. O órgão concentrava seus esforços na coleta, análise e difusão de informações, tendo como "clientes" preferenciais, em primeiro lugar, a Presidência da República, seguida pelos serviços secretos militares.

Juntos, SNI, CIE, Cisa e Cenimar formavam a cúpula do sistema de informações da ditadura. Dentre os quatro, o mais fechado e também o mais antigo, cuja origem remonta a 1955, era o serviço secreto da Marinha. Tanto no campo da coleta e da análise de informações quanto no da repressão, o Cenimar atuaria com competência acima da média, reconhecida inclusive por seus congêneres. Nesta segunda área, era inigualável seu know-how para plantar espiões e colher informantes nas organizações de esquerda (dedicadas ou não à luta armada), tendo sido responsável pelo desmantelamento, por dentro, de inúmeros grupos subversivos. O Cenimar formou um espião célebre: José Anselmo dos Santos, o cabo Anselmo. Fazendo-se passar por ativista de esquerda, ele atuaria com destaque na crise política que desaguou no golpe contra o presidente João Goulart em

1964. Naquele ano, Anselmo, então presidente da Associação de Marinheiros e Fuzileiros Navais do Brasil (AMFNB), liderou um motim de marinheiros que acirrou os ânimos nas Forças Armadas por conta da quebra de disciplina e do rompimento do princípio de hierarquia. Nove anos depois, o espião encontrava-se trabalhando para a repressão como agente infiltrado na Vanguarda Popular Revolucionária (VPR), uma das organizações de maior expressão na luta armada, que tinha entre seus líderes o célebre ex-capitão do Exército Carlos Lamarca. Na condição de infiltrado, Anselmo seria o principal informante de uma operação militar que ficaria conhecida como Massacre da Chácara São Bento, que terminou com a execução de seis guerrilheiros da VPR em Recife, entre eles a companheira de Anselmo, a jovem e bela paraguaia Soledad Barrett Viedma, de 27 anos, na época possivelmente grávida de um filho seu.

O Cenimar também abrigou, patrocinou e protegeu torturadores de fama, como Sérgio Paranhos Fleury, antigo líder do Esquadrão da Morte de São Paulo e delegado do Departamento de Ordem Política e Social da Polícia Civil paulista (Dops/SP). Na ditadura, em missões no Rio de Janeiro, Fleury interrogou (e torturou) muitas de suas vítimas nas instalações do Arsenal da Marinha, na Ilha das Cobras, e em um centro clandestino do Cenimar em São Conrado.

O Cenimar era uma máquina de moer com muitos tentáculos — todos eles, dependentes de seu gigantesco banco de dados, um dos melhores, senão o melhor, das Forças Armadas. O arquivo ficava na sede do serviço secreto da Marinha, na Ilha das Flores, no Rio de Janeiro. Os militares que trabalhavam no arquivo do Cenimar recebiam, produziam, cruzavam, despachavam e catalogavam uma infinidade de papéis sigilosos. Eram homens com "conhecimento dos fatos mais importantes da vida política do país, arquivando-os para futuras consultas", conforme explicava um documento interno do próprio órgão.[4] Preservar o arquivo secreto da Marinha era uma das funções daqueles agentes, uma tarefa hercúlea, dada a vasta quantidade de informações armazenada pelo Cenimar.

Em 1971, o acervo da Divisão de Registro do órgão guardava informações sobre 325 mil pessoas, sendo 300 mil em pastas individuais.[5] A papelada ocupava 160 gavetas de armários de aço.[6] Além dos prontuários, o Cenimar cumulava documentos diversos, produzidos pelo próprio centro e pelos demais componentes dos sistemas de repressão e inteligência, sobretudo pelos serviços secretos do Exército e da Aeronáutica, pelo SNI, pelos DOI/Codi (Destacamentos de Operação de Informações/Centros de Operação de Defesa Interna) e pela Polícia Federal.[7] No arquivo do Cenimar, pouquíssimos eram os papéis que não apresentavam um carimbo no alto ou no pé da página, indicando tratar-se de documento de acesso restrito. Nas gavetas, havia documentos classificados nos quatro graus de sigilo previstos em lei (pela ordem crescente do nível de sigilo: reservado, confidencial, secreto e os muito raros ultrassecretos).[8]

O ano de 1971 foi movimentado no Cenimar. Nem tanto pelo combate à subversão — "O ano foi dos mais tranquilos [nessa área]", resume um documento interno do centro, apesar das trinta mortes nas organizações armadas de esquerda e 788 denúncias formais de tortura contra adversários do regime.[9] Se para a turma do moedor de carne do

Cenimar o trabalho tinha sido relativamente ameno, para o pessoal do arquivo fora um ano frenético. Após um período classificado como de "completa estagnação", a Divisão de Registro do centro passava por uma "total reestruturação". Para dar conta do volume de papéis acumulados, que crescia em progressão geométrica, as instalações estavam sendo expandidas e, a quantidade de gaveteiros, significativamente aumentada, assim como o número de pessoal.[10] Parado havia oito anos, o chamado Arquivo Especial, que guardava dados sobre informantes, fora "inteiramente reorganizado".[11] O cotejo dos dados do Arquivo Comunismo com os do Arquivo Geral permitiu eliminar duplicatas, e vários prontuários foram desmembrados.[12] A partir daquele ano, além de guardar fotos e mapas, o Cenimar passou a armazenar slides.[13]

As perspectivas para o curto e médio prazos eram de mais trabalho. A meta do centro era ter capacidade de produzir informes sobre "qualquer cidadão".[14] Naquele momento, havia um alvo prioritário: os universitários. Fazia pouco tempo, a Marinha decidira ampliar seus quadros, o que, previa-se, levaria à entrada maciça de estudantes do ensino superior. O Cenimar temia que militantes do Partido Comunista do Brasil (PCdoB) — formado por dissidentes do histórico Partido Comunista Brasileiro (PCB) que haviam rompido com sua antiga sigla, de "linha pacífica", para abraçar a guerrilha rural — aproveitassem a oportunidade para tentar se infiltrar na força naval. Por isso, o serviço secreto da Marinha aconselhava que fosse exercida "fiscalização velada sobre cada oficial oriundo de universidade". O fundamental, segundo as diretrizes, era "manter esse centro [Cenimar] informado".[15]

O Cenimar trabalhava para fazer de todo servidor da Marinha um potencial informante. Era preciso, como dizia o centro, ter "uma mentalidade de informações".[16] Se cada subalterno ou oficial da força naval vigiasse o próximo (e obviamente relatasse ao centro suas descobertas), isso evitaria transtornos para os próprios servidores militares e para a Marinha, pregava o Cenimar. Entre o pessoal da força naval, era preciso, como também defendia o centro, "tirar a expressão" — ou seja, o estigma — "da palavra dedo-duro e caguete".[17] "Nossa vigilância é a sua segurança", dizia um carimbo com o qual o Cenimar costumava marcar alguns de seus documentos.[18] E haja pasta de cartolina e arquivo de aço para guardar tanta informação...

Na Divisão de Registro do Cenimar, a reorganização do material antigo e o desempenho das novas tarefas corriam em paralelo com o cruzamento de dados cotidiano, potencialmente infindável, e a produção de documentos e dossiês. Em 1971, a arrumação dos arquivos gerou um índice remissivo com 30 500 fichas, 6 mil novos prontuários biográficos e a abertura de pastas inéditas, como a de assaltos (*todos* os assaltos) ocorridos no segundo semestre nos estados do Rio de Janeiro e de São Paulo.[19]

A papelada que entrava diariamente no arquivo do Cenimar, somada à que era produzida lá dentro, resultava em uma insaciável busca por pastas, gavetas, armários, salas, andares... enfim, espaço. Em 1971, a Seção de Arquivamento do serviço secreto da Marinha recebeu treze armários de aço, sendo que sete foram imediatamente ocupados com prontuários que até então ficavam atochados em outros arquivos.[20] Mesmo tendo recebido os treze armários novos, a Seção de Arquivamento precisava de mais sessenta, com quatro gavetas cada um, para atender apenas à demanda dos 48 meses seguintes.[21] E espaço não era o único problema. Os documentos mais antigos, sobretudo os manipulados com maior frequência, corriam o risco de, com o tempo, ficar inutilizados para consulta devido ao desgaste provocado por rasgos, puídos, desbotamentos, manchas etc. O desafio, portanto, não era apenas guardar um acervo colossal e em constante expansão, mas também conservá-lo.

A solução — ou o "pulo do gato", como definiria mais tarde um oficial do Cenimar — estaria na tecnologia. Ou, nas palavras de outro agente do órgão, no "advento da microfilmagem".[22]

No dia 19 de setembro de 1870, Paris amanheceu cercada por soldados alemães e seus *Pickelhauben*, os estranhos capacetes com ponteira metálica. A Guerra Franco-Prussiana chegava a um dos seus momentos mais agudos. O chanceler Otto von Bismarck prometia manter o cerco até que a França concordasse em ceder à Alemanha os territórios da Alsácia e da Lorena. O frágil governo francês, contudo, não aceitou a exigência, e seu líder, Léon Gambetta, fugiu em um balão para Tours, no interior, a fim de organizar a resistência. De seu bunker, Gambetta conseguiria manter contato com seus camaradas em Paris utilizando um método de comunicação de setecentos anos, o pombo-correio, aliado a uma invenção recente que permitia ao mesmo tempo miniaturizar documentos e protegê-los da ação do tempo: o microfilme.

Patenteado onze anos antes pelo fotógrafo francês René Dragon, o microfilme significou uma revolução para os arquivos. Ele possibilitava reproduzir em um suporte rígido do tamanho de uma unha, com fidelidade absoluta, uma folha de formato A4. A frágil folha de papel cedia lugar a um minúsculo filme de sais de prata trinta vezes menor. Apesar de mínimo, o documento em microfilme era de fácil visualização, bastando apenas uma fonte de luz e uma lente de aumento. O microfilme ainda tinha uma vantagem que por um longo tempo o tornaria imbatível: sua durabilidade excepcional, cerca de quinhentos anos, se armazenado adequadamente.

Nos Estados Unidos, a Kodak, fabricante de filmes e equipamentos fotográficos, começou a fazer uso comercial da tecnologia em 1927. No Brasil, a Biblioteca Nacional iniciou suas operações com miniaturização de documentos em 1944, mas ainda em caráter experimental, dado o alto custo dos equipamentos à época. Apenas em 1977 a Biblioteca Nacional abriria uma seção dedicada exclusivamente à microfilmagem.

Seis anos antes, estando mais uma vez entre os pioneiros tanto na área de tecnologia como na de gestão da informação, o serviço secreto da Marinha criou um núcleo de produção de microfilmes. Um relatório do Cenimar classificou o ano de 1971 como de "grande importância" pelas "realizações de cunho administrativo" ocorridas no centro. Entre elas, a construção de uma sala de interrogatórios na sede do órgão, no Rio (o pau continuaria a comer nos porões da Marinha), a aquisição de "armas modernas" (adversários do regime seguiriam sendo assassinados pelo Estado) e, em primeiro lugar na lista do Cenimar, a montagem do laboratório de microfilmagem.[23] Do Fundo Naval, saíram 25 mil cruzeiros (93 mil reais em valores atuais) para os reparos e as adaptações do novo espaço.[24] E haveria necessidade de mais, já que a lista de compras para o ano seguinte não era pequena: uma microfilmadora, uma montadora de jaquetas (envelopes transparentes de acetato próprios para armazenamento de microfilmes) e arquivos de aço dotados de secador e higrômetro (instrumento que mede a umidade na atmosfera), onde seriam guardados os rolos de microfilme.[25]

O Cenimar mirava o amanhã. No relatório das atividades de 1971 da Divisão de Registro do centro, no item "sugestões e planejamento para o futuro", estava prevista a "criação de uma equipe gabaritada para a microfilmagem" e de um núcleo de armazenamento dos documentos miniaturizados.[26] Por ora, contudo, bastava traçar os planos para o ano seguinte. As principais metas do serviço secreto da Marinha para 1972 eram a intensificação das infiltrações no campo inimigo e a realização de cursos de capacitação em três áreas: defesa pessoal, tiro e microfilmagem.[27]

Essa era a Marinha do Brasil no início dos anos 1970: pancada, bala e gestão da informação.

"Não é a violência que acaba com os agentes da subversão, é a inteligência." Esse é mais um provérbio que com frequência aparecia carimbado nos documentos sigilosos do Cenimar.[28] No caso do serviço secreto da Marinha, o mais apropriado seria dizer que o método empregado era uma mistura de ambos: violência e inteligência.

No campo da inteligência, a Divisão de Registro do Cenimar seguia lutando na retaguarda, sempre às voltas com seus papéis. Em 1972, o número de prontuários individuais do arquivo biográfico saltou de 300 mil para 330 mil. O número de pastas de cartolina consumidas chegou a 32 114. O de fichas, 68 mil.[29] Em função do aumento da temperatura política no Chile, onde o presidente de esquerda Salvador Allende estava com os dias contados, o Cenimar reforçou sua mapoteca com cartas geográficas daquele país.[30] E, por fim, fora montada uma estação de comunicação por rádio no longínquo município de Xambioá, no norte de Goiás (hoje Tocantins), para apoiar os combates do Exército contra a recém-descoberta Guerrilha do Araguaia, a tentativa do PCdoB de deflagrar uma revolução comunista no Brasil a partir do campo, nos moldes do que ocorrera duas décadas antes na China de Mao Tsé-tung.[31] "O principal impulso da Divisão de Registro", no entanto, conforme assinala um documento interno da época, se deu na Seção de Processamento: finalmente, a microfilmagem do arquivo sigiloso passara "da teoria à realidade" — uma transição planejada e executada de forma meticulosa e, o mais importante, documentada de modo quase obsessivo em todas as suas fases.[32]

Antes de começarem os trabalhos de miniaturização dos papéis, foi criado um "protocolo geral" com o objetivo expresso de manter os documentos sob "rígido controle (histórico)" — assim mesmo, no original, com a palavra histórico entre parênteses.[33] Também foi instituído um Centro de Armazenamento de Dados, espécie de arquivo morto da papelada já microfilmada e, por questões estratégicas, não descartada.[34] A constituição do "protocolo geral", com seus padrões de "rígido controle (histórico)", e a criação do Centro de Armazenamento de Dados, para a guarda de documentos em papel, revelavam um fato importante: ao decidir microfilmar seus documentos sigilosos sem descartar os originais mais importantes, o serviço secreto da Marinha investia na preservação de seu acervo e na otimização do espaço físico, mas não apenas nisso. Um dos objetivos centrais da operação era perpetuar a história das forças de segurança e dos serviços de inteligência, aí incluída, obviamente, a do próprio Cenimar. E para preservar a memória desses órgãos era preciso também conservar a memória dos documentos. O Cenimar guardava a história e a história dentro da história.

Ainda em 1972, em uma terça-feira de abril, a Seção de Microfilmagem da Divisão de Registro do Cenimar entrou em operação.[35] A primeira atividade foi uma aula para os agentes da seção: "a história da microfilmagem e suas fases básicas". Nos dois meses seguintes, um certo professor Lázaro ministraria aulas no campo teórico (usos e vantagens do microfilme, tipos de equipamentos e material, normas para montagem de laboratório, planejamento e organização de um serviço de microfilmagem, arquivamento etc.).[36] Foram projetados slides que mostravam diversos tipos de equipamentos empregados na miniaturização e métodos de arquivamento. A quarta aula, realizada no dia 13 de abril, teve como tema "a lei que regulamenta o emprego do microfilme como documento oficial".[37] Ainda que as palavras "lei" e "ditadura" parecessem não combinar, essa foi, do ponto de vista histórico, a aula mais importante, cuja relevância só faria crescer com o tempo.

Quando o Cenimar iniciou o processo de miniaturização de seu arquivo, a microfilmagem de documentos oficiais era regulada pela lei nº 5433/68. O artigo 1º, parágrafo 1º, estabelecia o seguinte: "Os microfilmes de que trata esta Lei, assim como as certidões, os traslados e as cópias fotográficas obtidas diretamente dos filmes, produzirão os mesmos efeitos legais dos documentos originais em juízo ou fora dele". Trocando em miúdos: o microfilme podia ser usado na Justiça como prova de crime.

A Marinha, portanto, tinha pleno conhecimento de que, ao trocar o suporte de seu arquivo sigiloso de um meio perecível (papel) para um perene (microfilme), estava também preservando provas judiciais. Provas que no futuro poderiam inclusive ser usadas contra homens e mulheres que compunham o aparato repressivo, desde simples soldados até ministros de Estado ou generais-presidentes. A cúpula da Marinha sabia disso, a direção do Cenimar sabia e, graças à aula de legislação do curso de microfilmagem, os agentes do Cenimar também sabiam.

Entre uma aula teórica e outra, os agentes da Seção de Microfilmagem do Cenimar foram a campo experimentar a prática. No dia 14 de abril, visitaram o setor de microfilmagem da Kodak do Brasil, de onde saíram com prospectos de equipamentos e um apanhado de preços de acessórios — mais tarde, levariam ainda uma microfilmadora planetária RV-2, cedida a título de demonstração.[38] Um mês depois, o escritório da Fuji, outra fabricante de equipamentos e materiais fotográficos, foi visitado.[39]

Os alunos do curso também puderam conhecer de perto órgãos e empresas estatais que já operavam com microfilmagem. Em Furnas, empresa de economia mista, controlada pela União, dedicada a geração e transmissão de energia elétrica, os agentes do Cenimar receberam orientações da "professora Gilda". Na Biblioteca Nacional, durante três dias, tiveram lições com a "professora Maria de Lourdes". Passaram ainda pelo Banco Nacional de Habitação e pela Rede Ferroviária Federal. O Banco do Brasil foi generoso e abriu sua seção de microfilmagem, especializada na miniaturização de cheques, para três agentes do Cenimar estagiarem durante cinco dias.[40]

A Marinha avançava em seu projeto, mas não estava só; o Exército e a Aeronáutica também investiam na microfilmagem de seus acervos. A força terrestre, por exemplo, miniaturizava documentos referentes a operações da 3ª Brigada de Infantaria Motorizada, baseada no sudoeste do Pará.[41] Como as três forças se iniciavam simultaneamente no campo da microfilmagem, o curso do Cenimar acabou servindo às Forças Armadas como uma grande oportunidade para troca de experiências. Na manhã de 15 de junho, quatro componentes do Cenimar visitaram a seção de microfilmagem do serviço secreto do Exército, o CIE, onde foram recebidos "com muita atenção" pelo major Salvador. No dia seguinte, à tarde, toda a turma do curso da Marinha baixou no Arquivo Geral da Aeronáutica, no setor de microfilmagem, onde era esperada pelos "srs. Braga e Fernandes".[42]

À medida que o curso avançava, a direção da Seção de Microfilmagem do Cenimar ia às compras. Só no mês de abril, foram gastos mais de 20 mil cruzeiros (72 mil reais em valores atualizados) na aquisição de acessórios.[43] Foram comprados 3 mil carretéis de 16 milímetros nas cores azul e vermelha. Cada carretel comportava até trinta metros de microfilme, o que equivalia a 2 mil páginas miniaturizadas. Assim, no total, o primeiro conjunto de carretéis comprados pelo serviço secreto da Marinha podia armazenar 6 milhões de páginas.[44]

Além dos carretéis foram comprados seis arquivos de aço e quatro prateleiras para armazenamento de microfilmes, tudo devidamente registrado na prestação de contas. Mas nem sempre era preciso gastar o dinheiro da Marinha. A Petrobras, por exemplo, emprestou por trinta dias uma leitora de microfilmes.[45]

A preparação dos primeiros documentos a serem microfilmados começou em 17 de abril. Nove dias depois, no dia 26, às cinco da tarde, estavam prontos para duplicação 116 prontuários que somavam 307 páginas.[46] Testes nos aparelhos foram feitos em 4 de maio, e no dia 5 finalmente teve início a miniaturização do arquivo secreto da Marinha.[47] O rolo de microfilme identificado com o número "0000001" deveria ter ficado pronto no dia 8 de maio. O manual foi seguido à risca: o filme foi revelado e depois passou pela fixação e pela lavagem. Mas na fase seguinte, no processamento, a fita elétrica acabou se desprendendo do guia, e o trabalho foi inteiramente perdido.[48]

Aquele 8 de maio também entraria para a história das forças de repressão. Mais um inimigo havia sido abatido. Tinha 24 anos e se chamava Bergson Gurjão Farias. Fortalezense, Bergson entrara para o movimento estudantil no final da década de 1960, quando fazia o curso de química na Universidade Federal do Ceará. Preso em outubro de 1968 no célebre xxx Congresso da União Nacional dos Estudantes (UNE) em Ibiúna, interior paulista, e no mesmo ano ferido a bala em uma manifestação estudantil, Bergson seria expulso da universidade logo depois, com base no decreto nº 477/69, usado para expurgar das academias professores, alunos e funcionários considerados subversivos. Condenado a dois anos de prisão pela Justiça Militar, entraria para a clandestinidade, adotaria o codinome *Jorge* e se juntaria aos guerrilheiros do PCdoB no Araguaia. No dia em que fracassou a tentativa de produzir o rolo de microfilme "0000001", Bergson caiu em uma emboscada do Exército. Ferido, foi preso, torturado e executado. Seu corpo, mutilado, foi pendurado em uma árvore e depois completamente desfigurado em uma sessão de chutes promovida por paraquedistas da força terrestre. A manobra militar que resultou na morte de Bergson contou com a participação de unidades das três Forças Armadas. A Marinha dera seu quinhão por intermédio da IV Divisão Naval, de Belém. Oficialmente, porém, nada disso havia acontecido: operação militar, prisão ou morte. Bergson inaugurava a lista dos desaparecidos políticos do Araguaia.

    Duas semanas após a Seção de Microfilmagem do Cenimar receber a visita de alunos da Escola de Guerra Naval — o "pulo do gato" começava a ser difundido — o rolo de microfilme "0000001" finalmente ficou pronto. Abrigava dados sobre uma única pessoa: Carlos Marighella, baiano de Salvador, liderança histórica do PCB que rompera com a sigla e, na sequência, fundara a Ação Libertadora Nacional (ALN), a organização de maior expressão e contingente dentre as que aderiram à guerrilha urbana.[49] O guerrilheiro, um dos mais radicais e combativos no campo da esquerda armada, tinha se tornado praticamente uma obsessão da Marinha. O maior prontuário biográfico do Cenimar era o dele, com 1860 páginas.[50] O dossiê de Marighella acumulava informações que remontavam ao ano de 1932, quando ele fora preso pela primeira vez por escrever um poema com críticas ao interventor da Bahia, Juracy Magalhães.[51] Quando Marighella foi executado em uma emboscada, em novembro de 1969, em São Paulo, o Cenimar participou da ação.

A escolha pela ficha de Marighella para inaugurar o arquivo em microfilme evidenciava outro fato relevante — e sombrio — sobre o Cenimar. O dossiê de Marighella, assim como os demais documentos selecionados na leva inaugural de miniaturização, pertencia a um acervo denominado "prontuários de pessoas mortas". Esses registros biográficos foram copiados nos dezesseis primeiros rolos da Seção de Microfilmes e nos rolos n°s 38, 48 e 49. Ao todo, o conjunto era composto de 32938 páginas com dados biográficos de 181 homens e mulheres. Havia personagens célebres da História, como Hitler, Lênin, Stálin, Che Guevara, Winston Churchill, Martin Luther King, John Kennedy e Charles de Gaulle. Os dados, em formato de verbete, serviam à consulta dos analistas do Cenimar, uma espécie de enciclopédia própria do serviço secreto da Marinha. A maioria absoluta dos nomes, porém, era de militantes de esquerda (partidários ou não da luta armada) que haviam tombado em ações da repressão. E 23 deles eram desaparecidos políticos.[52] Ou seja, aqueles microfilmes eram a confissão de 23 mortes.

O rolo de microfilme nº 13, por exemplo, dedicado inteiramente a "prontuários de pessoas mortas", incluía o dossiê de Izis Dias de Oliveira, estudante de ciências sociais da

Universidade de São Paulo (USP) e guerrilheira da ALN treinada em Cuba.[53] De cabelos curtíssimos e de traços finos, fora sequestrada pelas forças de segurança no Rio de Janeiro no dia 30 de janeiro de 1972, aos trinta anos de idade. Nunca mais foi vista. Menos de seis meses após o desaparecimento de Izis, a Seção de Microfilmagem do Cenimar concluiu os trabalhos do carretel nº 13, que continha documentos que atestavam a sua morte. Na época, a família de Izis não sabia que ela estava morta e ainda promovia rondas angustiantes em unidades das Forças Armadas, hospitais e cemitérios do Rio e de São Paulo à sua procura (ou ao menos de seu corpo). A mãe da guerrilheira, a costureira Felícia Mardini, escrevia cartas a autoridades, incluindo o general-presidente Emílio Garrastazu Médici, implorando que dessem alguma notícia da filha. Por muitos anos, Felícia continuou procurando Izis, na esperança de que estivesse viva. A costureira chegou a ir a Londres atrás de um boato de que a filha vivia na capital inglesa.

No mesmo rolo de microfilme estava reproduzido o prontuário de Antônio dos Três Reis de Oliveira, mineiro de Tiros, outro estudante universitário (curso de economia) que caíra na clandestinidade e na luta armada após ser preso no Congresso da UNE de 1968 e processado na Justiça Militar.[54] O guerrilheiro da ALN foi morto em maio de 1970, aos 21 anos de idade, em uma ação da Operação Bandeirantes (Oban), primeiro órgão da repressão a juntar, sob a coordenação do Exército, militares das três armas e policiais civis e militares. Escondido em um alçapão de seu "aparelho", Três Reis foi descoberto pelos agentes da repressão e metralhado. Apesar de ter sido devidamente identificado pelas forças de segurança, conforme comprova o rolo de microfilme nº 13 do Cenimar, foi enterrado como indigente no cemitério de Vila Formosa, na capital paulista. A família de Oliveira só soube de sua morte, mesmo assim de modo não oficial, em 1973, quando uma irmã do guerrilheiro, Maria do Socorro, que trabalhava em um jornal do Paraná, deparou com o nome dele em um despacho da agência de notícias United Press International contendo uma lista de brasileiros mortos pela repressão. Um ano antes, porém, a informação já estava gravada nos carretéis de microfilme da Marinha.[55]

Os primeiros lotes de microfilme do Cenimar também armazenavam dados que desmontavam falsas versões de morte divulgadas oficialmente pelas forças de segurança. Em 1972, por exemplo, o Exército ainda insistia em dizer que não sabia do paradeiro de Rubens Paiva. Deputado federal cassado após o golpe de 1964, Paiva fora levado sem mandado de prisão de sua casa, no Rio, em janeiro de 1971, por agentes do serviço secreto da Aeronáutica. Aos 41 anos de idade, era casado com Eunice e tinha cinco filhos (Vera Sílvia, Maria Eliana, Ana Lúcia, Maria Beatriz e Marcelo). Segundo a versão oficial, durante uma transferência de prisão, quando se encontrava sob a guarda do DOI/Codi do Rio, Paiva teria sido libertado em uma ação espetacular de resgate, patrocinada por "terroristas". Criadas a partir de 1970 como uma espécie de evolução da Oban, as dez unidades do DOI/Codi formavam um dos conjuntos mais bem armados e treinados do aparato de repressão.[56] Neles, atuavam militares das três forças sob a coordenação do Exército. Enquanto a força terrestre difundia o inverossímil relato da libertação de Rubens Paiva, o Cenimar já sabia que ele estava morto, como mostra o rolo de microfilme nº 14, produzido em 20 de julho de 1972.⁵⁷

A Guerrilha do Araguaia era outro caso emblemático em que o arquivo da Marinha desmentia a versão pública das forças de segurança. Oficialmente, as ações de combate contra os guerrilheiros do PCdoB nunca tinham existido. Não havia sequer a guerrilha. Àquela altura, vigorava uma rígida censura à imprensa, e a Guerrilha do Araguaia estava na lista dos temas proibidos. Somente em 1978 sairiam as primeiras reportagens sobre o foco guerrilheiro e as campanhas militares realizadas para desmantelá-lo.⁵⁸ Todavia, já em 1972, um único rolo de microfilme do Cenimar, o de nº 48, trazia notícias frescas sobre a morte de cinco guerrilheiros do Araguaia (Ciro Flávio Salazar de Oliveira, Antônio Carlos Monteiro Teixeira, Helenira Resende de Souza Nazareth, João Carlos Haas Sobrinho e Idalísio Soares Aranha Filho), algumas delas ocorridas apenas dois meses antes.⁵⁹ Havia outros microfilmes que reuniam dados recentes do Araguaia. O carretel de nº 14 incluía na lista de "pessoas mortas" o nome do primeiro desaparecido da guerrilha rural, Bergson Gurjão Farias, executado 77 dias antes.⁶⁰

O arquivo miniaturizado da Marinha também encerrava segredos do Exército. O rolo de microfilme nº 49 não deixava dúvidas de que estava morto o sapateiro pernambucano Mariano Joaquim da Silva, membro da Vanguarda Armada Revolucionária-Palmares (VAR-Palmares), organização da luta armada urbana de curta existência, resultante da fusão de dois grupos guerrilheiros, a VPR e o Comando de Libertação Nacional (Colina).[61] A informação sobre a morte de Silva não constava de nenhum documento público. Se a Marinha sabia que o guerrilheiro estava morto, é possível supor que soubesse também as condições em que o óbito se dera. O guerrilheiro fora preso em setembro de 1971 e, após passar pelo DOI/Codi de São Paulo, foi levado para um centro de tortura clandestino do serviço secreto do Exército que funcionava no número 668 da rua Arthur Rodrigues, em Petrópolis, estado do Rio de Janeiro. Era conhecido como *Casa da Morte*. Dos presos que ali entraram, só uma saiu com vida, mesmo assim desfigurada física e psicologicamente: Inês Etienne Romeu, a *Alda* da VPR. Ela ficou 96 dias na Casa da Morte, onde foi seguidamente estuprada, espancada e torturada com choques elétricos. Inês sobreviveu. Silva foi assassinado às vésperas de completar 41 anos.

Assim nascia o arquivo em microfilme do Cenimar: desfazendo falsidades da ditadura e armazenando provas de sequestro, tortura, assassinato e ocultação de cadáveres. Provas que um dia poderiam ser usadas contra os próprios agentes da repressão e seus comandantes. Disso ninguém no Cenimar tinha dúvidas, e não só em razão da aula de legislação ministrada no primeiro curso da Seção de Microfilmagem. Na última página do dossiê de "pessoas mortas" miniaturizado em 1972, o então responsável pela seção, capitão Ronaldo Velloso Netto dos Reys, anexou um "termo de encerramento", também microfilmado. O termo continha informações técnicas diversas (tipo do filme e da máquina utilizados no trabalho, taxa de redução em relação ao documento original etc.) e um importante alerta: "Atesto que a microfilmagem [...] foi executada obedecidas as normas técnicas [...] que asseguram a fiel reprodução daqueles documentos na sua integridade, inclusive para efeito de prova em juízo ou fora dele".[62]

"Prova" e "juízo": duas palavras que as Forças Armadas certamente não temiam em 1972, um dos anos mais agudos da ditadura civil-militar, mas que ficariam registradas para sempre nos microfilmes do Cenimar como uma espada sobre a cabeça de centenas de agentes da repressão e de seus chefes, e dos chefes de seus chefes, e dos chefes dos chefes de seus chefes... Afinal, como alertava um documento do Cenimar miniaturizado nessa primeira leva, a cúpula do Ministério da Marinha estava a par de tudo. Havia inclusive recebido um exemplar do microfilme "0000001" como amostra do que poderia "vir a ser feito" no futuro. Mais tarde, Brasília receberia uma cópia de segurança de todo o arquivo miniaturizado.[63]

Os primeiros seis meses de trabalho na Seção de Microfilmagem do Cenimar foram tão intensos que os equipamentos disponíveis não conseguiram atender à demanda. Assim, para acelerar a produção, documentos foram levados para miniaturização na sede de Furnas, também no Rio.[64] A carga de trabalho era puxada. No final de ano, os agentes da seção ganharam apenas um dia de folga no Natal e mais um no réveillon.[65] Mas os resultados apareciam rapidamente. Em 31 de dezembro de 1972, os arquivos da Marinha já contabilizavam 68 rolos de microfilme, contendo um total de 165 526 páginas. Faziam parte desse lote 35 633 páginas com dados sobre 330 "pessoas mortas".[66] Muita informação em pouco espaço: os 68 rolos de microfilme produzidos em 1972 cabiam com folga em duas caixas de sapato.

Batizada com o nome de *Operação Registro*, a migração do arquivo de papel do Cenimar para o suporte em microfilme estava apenas começando. Ainda em 1972, o serviço secreto da Marinha formou a segunda turma do curso de microfilmagem e encomendou dos Estados Unidos novos equipamentos de miniaturização.[67] A meta para 1973 era arquivar em microfilme todos os documentos produzidos ou recebidos pelo Cenimar naquele ano, além de continuar miniaturizando os papéis mais antigos. Era a segunda fase da *Operação Registro*, renomeada como *Operação Netuno*.[68]

O ritmo de produção acelerava. No dia 31 de dezembro de 1973, o Cenimar já computava em seu acervo 290 rolos de microfilme, compreendendo mais de 1 milhão de páginas — para ser exato, 1213230. Só os prontuários de pessoas mortas lotavam 22 carretéis que reuniam 42777 páginas.[69] Agora, além de documentos sigilosos das três forças e da Polícia Federal, o acervo em microfilme do Cenimar abrigava registros raros, como informes confidenciais enviados pela Embaixada dos Estados Unidos a órgãos de informação e repressão do Brasil.[70]

O Cenimar estava maravilhado com os ganhos obtidos com o sistema de microfilmagem. Em março de 1974, o encarregado da Divisão de Registro, capitão Ronaldo Velloso Netto dos Reys, enviou um novo balanço dos trabalhos à diretoria do órgão. Um manual mostrava passo a passo, com ilustrações, como funcionava todo o processo, desde a alimentação da máquina com o documento que seria miniaturizado até a leitura do microfilme no projetor. O texto do manual destacava que o Cenimar conseguira desenvolver um sistema que permitia fazer cópias dos microfilmes a "baixo custo". "Adquirimos forte KNOW-HOW deixando de lado as grandes sofisticações que às vezes são lançadas pelos vendedores, e que nada adiantam na prática, [optamos] por um processo simples, mas que realmente funciona", afirmava o documento.[71] O capitão Netto dos Reys se gabava de ter ultrapassado as seções de microfilmagem de "órgãos similares [leia-se, os serviços secretos do Exército e da Aeronáutica] e a própria Polícia Federal" em relação ao desenvolvimento de tecnologia de miniaturização.[72] O tom era de euforia. "Estamos no caminho certo", escreveu o oficial ao apresentar os "grandes progressos" conquistados em tão pouco tempo. Entre eles, a redução do espaço ocupado pelo arquivo do Cenimar e o incremento no esquema de segurança do acervo. "Brasília está com as cópias dos microfilmes", escreveu Netto dos Reys. Naquele momento, o capitão colocava no colo do recém-empossado ministro da Marinha, almirante Geraldo Azevedo Henning, e de seu antecessor, almirante Adalberto de Barros Nunes, 1 213 230 páginas de documentos microfilmados contendo provas de graves violações dos direitos humanos.[73]

Com "tempo e paciência", informava o capitão Netto dos Reys, o processo de miniaturização dos arquivos do Cenimar seria aperfeiçoado ainda mais. Naquele mesmo dia, 21 de março de 1974, anunciou, iniciava-se a implantação de procedimentos que, no futuro próximo, permitiriam a integração do sistema de microfilme com uma nova tecnologia que ganhava espaço rapidamente: o computador.[74]

Graças ao planejamento meticuloso do Cenimar e aos avanços da tecnologia, um dos arquivos mais ricos em registros de crimes cometidos pela ditadura civil-militar caminhava para se tornar indestrutível.

Quando o processo de compactação do arquivo do Cenimar entrou no terceiro ano, em 1974, as organizações de luta armada estavam praticamente derrotadas. No Araguaia, cerca de trinta guerrilheiros, os únicos sobreviventes, resistiam precariamente escondidos na selva amazônica, sem liderança (os comandantes haviam sido mortos ou tinham fugido), sem condições de luta, famintos, doentes e em andrajos. Eram caçados e exterminados um a um por um grupo de elite do Exército formado por quatrocentos militares. A guerrilha urbana, por sua vez, estava extinta. Com os inimigos armados a escassear, a ditadura agora mirava — no sentido literal da palavra — as organizações de esquerda que optaram pela resistência pacífica.

Assim como os demais órgãos de repressão, o Cenimar queria continuar a guerra. E para tanto tratava de inflar as débeis forças de seus inimigos. Um documento de 1974 produzido (e microfilmado) pelo serviço secreto da Marinha afirmava que "a situação das organizações terroristas" naquele momento era de "reorganização". Balela. O próprio Cenimar admitia que os principais líderes da luta armada haviam sido banidos ou mortos. Ainda assim, os analistas do órgão preferiam ver a ruína do inimigo apenas como uma parada tática para "preparar novos quadros e esperar o momento oportuno para reiniciar suas atividades".[75]

O adversário estaria em uma espécie de hibernação, mas continuava perigoso. De acordo com o mesmo documento, o general Emílio Garrastazu Médici, que acabara de deixar a Presidência da República, estaria correndo risco de sequestro. A situação, segundo o serviço secreto da Marinha, era aterrorizante. Os arquivos do Cenimar reuniam dados sobre 3 mil pessoas, supostamente comunistas da "linha chinesa", que estariam dispostas a levar adiante a luta armada no Brasil infiltrando-se nos movimentos operário e estudantil.[76] Mais um delírio.

No campo político, o centro também enxergava nuvens pesadas no horizonte. O mesmo documento do Cenimar alertava para o iminente término da suspensão dos direitos políticos de "vários elementos" contrários ao regime. Ainda que permanecessem inelegíveis, eles poderiam ter influência nas primeiras eleições para o Congresso Nacional, que seriam disputadas já na vigência da abertura política recém-anunciada pelo novo presidente, general Ernesto Geisel. Abertura, aliás, que o serviço secreto da Marinha não via com bons olhos, pois, segundo o órgão, os únicos beneficiários seriam os "grupos contrários ao processo político-revolucionário que se desenvolve desde 31 de março de 1964".[77]

Diante de um cenário tão perigoso, com ameaças por todos os lados (organizações armadas, partidos políticos, sindicatos, igrejas, movimento estudantil e imprensa), a solução proposta pelo Cenimar era a fórmula de sempre: vigiar e punir. "O controle e identificação desses subversivos é importante tarefa do Cenimar", concluía o documento. Era preciso continuar "identificando os elementos envolvidos nas atividades de agitação e propaganda adversa".[78]

Para justificar sua existência, o Cenimar — assim como os serviços secretos do Exército e da Aeronáutica e o SNI — não queria admitir o óbvio: naquele ano de 1974, eram nulas as chances de uma tomada de poder à força pela esquerda. A ordem do dia na Marinha, no entanto, era não baixar a guarda. Ao contrário: era preciso reforçar a vigilância e investir no aprimoramento dos arquivos sigilosos.

Exército, Marinha e Aeronáutica investiam pesadamente na microfilmagem de seus arquivos e ainda guardavam boa parte dos originais em papel. Isso fazia com que cópias de um mesmo documento fossem simultaneamente preservadas pelo CIE, pelo Cenimar e pelo Cisa, e muitas vezes em duplicata (papel e microfilme).

Como de costume no meio militar, essa profusão de registros era armazenada de forma extremamente organizada. Tudo era formalizado. Ao serem guardados em pastas (no caso de papéis) ou em jaquetas (envelopes de acetado para acondicionamento de microfilme), os documentos eram também catalogados. Um papel ou microfilme sigiloso podia repousar por décadas ou até mesmo para sempre no fundo de um armário. Mas os registros de sua tramitação e de seu destino final continuavam a circular.

Pelo menos uma vez por ano, os órgãos arquivadores produziam inventários de seus acervos.[79] E os inventários transitavam por escaninhos oficiais até serem por fim arquivados.[80] Um dos grandes receptáculos de inventários de documentos sigilosos era o Estado-Maior das Forças Armadas. O EMFA recebia inventários de unidades do Exército, da Marinha e da Aeronáutica espalhadas por todo o país. Dormiam nas gavetas do EMFA tanto os sumários de documentos de órgãos sediados em Brasília, como o Comando Militar do Planalto, como os de longínquas unidades militares, como a 23ª Brigada de Infantaria da Selva, baseada em Marabá, no sul do Pará.

Naquela época, a regra era preservar.

A palavra "inventário" tem origem no latim. *Inventarium* é derivado do verbo *invenire* (encontrar, achar). No caso das Forças Armadas, organizações absolutamente obsessivas com método e ordem, esse "achamento" era feito com lupa. Os inventários do Cenimar, por exemplo, compreendiam balanços como:

1 Expedientes recebidos e enviados
  a Por tipo;
  b Por órgão emissor e órgão destinatário;
  c Por período.
2 Pedidos de busca recebidos e respondidos
  a Por período;
  b Por servidor.
3 Mensagens recebidas e transmitidas solicitando antecedentes
  a Por período;
  b Por órgão emissor e órgão destinatário;
  c Por alvo.
4 Produção de informação
  a Por período;
  b Por órgão responsável.[81]

Por intermédio de um inventário do Cenimar, era possível saber, por exemplo, que no primeiro semestre de 1972 o capitão de corveta Lima Barros processara 103 pedidos de busca feitos por diversos órgãos da repressão. No segundo semestre, foram mais 74. Naquele ano, Lima Barros e outros treze agentes da Divisão de Registro do Cenimar cuidaram de exatos 3342 pedidos de busca. O mesmo inventário informava que a Agência Central do SNI fora o principal destino dos documentos produzidos pelo Cenimar em 1972: 448 no total.[82]

A troca de documentos entre os órgãos de informação e repressão e a difusão dos inventários acabavam, de certa maneira, por interligar os arquivos sigilosos da ditadura. Um documento confidencial da Embaixada dos Estados Unidos no Brasil que circulou em 1972 é um bom exemplo de como isso acontecia. Dados contidos no cabeçalho do documento e nos dos ofícios que o acompanhavam indicam todo o trajeto do papel. Vejamos: em 7 de dezembro de 1972, a Embaixada dos Estados Unidos enviara à Polícia Federal um alerta sobre cartas-bombas. Na documentação, uma anotação escrita à mão, em inglês, revelava que uma duplicata do aviso fora transmitida diretamente pela embaixada à chefia do Serviço Nacional de Informações. Cinco meses após receber o documento da embaixada, a PF fez cinco cópias e distribuiu para os serviços secretos do Exército, da Marinha e da Aeronáutica e para os escritórios do SNI (Divisões de Segurança e Informações) que funcionavam dentro dos ministérios da Justiça e das Comunicações.[83] A cópia recebida pela Marinha foi anexada a documentos da mesma natureza, formando um dossiê de 134 folhas denominado *Operação Segurança e Terrorismo Postal*. Esse dossiê, por sua vez, foi duplicado na Seção de Microfilmagem do Cenimar no dia 20 de julho de 1973 por um agente que assinava com as iniciais *ALP*.[84]

Aquele 20 de julho foi mais um dia de labuta intensa na Seção de Microfilmagem do Cenimar. O agente que assinava com as iniciais *ALP* carregou o filme Kodak Fine Grain na filmadora RV-2 e começou a miniaturizar, na proporção de 1/30, o dossiê da *Operação Segurança e Terrorismo Postal*.[85] *ALP* trabalhava rápido. Com a mão esquerda, colocava o documento original na filmadora e, com a direita, apertava o botão que disparava a reprodução. Porém, ao chegar à página nº 34 do dossiê, *ALP* foi traído pela pressa. Alimentou a filmadora com o original e, quando começava a recolher a mão esquerda, a direita foi mais rápida do que deveria e apertou o botão *start* antes da hora. Quando o fotograma foi revelado, percebeu-se então que parte da mão esquerda de *ALP* aparecia no microfilme. O resultado não chegou a comprometer a leitura: a página 1 do ofício secreto nº 814/1972 ainda era perfeitamente legível. Mas a mão esquerda de *ALP*, como em uma imagem de raio X, ficaria gravada ali para sempre.[86]

O vaivém de documentos e os inúmeros procedimentos adotados nas fases de microfilmagem, arquivamento e produção de inventários deixavam uma profusão de rastros. No futuro, isso poderia ser um problema para os servidores (civis e militares) ali citados. Em seus documentos (papel e microfilme) e inventários, os arquivos sigilosos das Forças Armadas conservavam uma infinidade de provas de graves violações dos direitos humanos. Havia informações suficientes para recompor, com nome e patente, toda a cadeia de comando responsável por crimes como sequestro, tortura, assassinato e ocultação de cadáver. Lá estavam também nomes de militares que tinham acobertado tais delitos ou que, tendo tomado conhecimento oficial das atrocidades, nada fizeram.

Se um dia esses arquivos sigilosos fossem abertos, muitos nomes viriam a público. Os microfilmes do Cenimar, por exemplo, continham cópias das carteiras de identidade e de recibos de pagamento de agentes da Marinha infiltrados nas organizações de esquerda. Alguns desses agentes participaram de ações que levaram dezenas de pessoas à morte, várias delas executadas quando já se encontravam presas.[87] Também estavam lá nomes de informantes da Agência Central de Inteligência dos Estados Unidos (CIA) que ajudavam a manter de pé o aparelho de repressão, trabalhando muitas vezes em sintonia fina com militares brasileiros.[88] Se os microfilmes um dia fossem abertos, viria à tona que a Turma de Interrogatório do DOI/Codi do Rio de Janeiro tinha orientação, por escrito, dos generais Syzeno Sarmento, comandante do I Exército, e Carlos Alberto Cabral Ribeiro, chefe do Estado-Maior do I Exército, de recolher os depoimentos de presos "evitando os excessos desnecessários" que pudessem "conduzir a uma situação crítica" — em outras palavras, a tortura estava liberada desde que não passasse de certo limite em que, por acidente, o prisioneiro pudesse morrer.[89] Pelas celas do DOI/Codi do Rio, um dos maiores centros de tortura da ditadura, passaram 33 pessoas que logo depois desapareceram. Outras quinze foram mortas no próprio local.

Graças ao Cenimar, essas informações estavam sendo organizadas e preservadas.

2º ATO
ESCONDER

PARA DESCONSOLO DA BANDA RADICAL das Forças Armadas, a abertura política iniciada no governo do general Ernesto Geisel (1974-9) avançou na gestão seguinte, do general João Baptista Figueiredo (1979-85). A Anistia, em 1979, e a fundação do Partido dos Trabalhadores (PT), em 1980, eram um claro sinal de que o cenário político começava a mudar. E de que o regime militar caminhava para o fim.

Para as Forças Armadas, era hora de começar a planejar o futuro. Era preciso encontrar um meio de impedir que, com o previsível restabelecimento da democracia, os arquivos sigilosos da ditadura caíssem em mãos "erradas" (vítimas da repressão e seus parentes, jornalistas, historiadores, promotores, juízes etc.).

Em janeiro de 1985, a eleição indireta de um civil de oposição, o ex-senador Tancredo Neves, não chegou a levar grandes preocupações à caserna com relação ao destino de seus acervos secretos. Representante de um pacto político conservador, Tancredo enviara sinais de que trabalharia por uma convivência amistosa com as Forças Armadas. Em troca de governabilidade, estaria disposto a conceder uma imunidade oficiosa aos militares, amparada na Lei da

Anistia, aprovada em 1979, conforme sugeriu já na primeira entrevista coletiva que concedeu depois de eleito:

> Reabrir esse problema [os crimes cometidos pelos militares durante a ditadura] seria implantar no Brasil um revanchismo, e nós não cuidaríamos do presente nem do futuro. Todo o nosso tempo seria pequeno para voltarmos realmente a esse rebuscar, a essa revisão, a esse processo de inquirição sobre o passado. Não creio que a sociedade brasileira aspire por isso.[1]

Também não foi traumática para os quartéis a inesperada internação hospitalar de Tancredo um dia antes da posse e a sua substituição pelo vice, José Sarney, aliado da ditadura durante vinte anos e oposição nos últimos sete meses do regime. Quando subiu a rampa do Palácio do Planalto, no dia 15 de março de 1985, encerrando a ditadura e reinaugurando a democracia no Brasil, Sarney não tinha a mesma força política de Tancredo. Ao contrário, era frágil. Nem mesmo sua sigla, o Partido do Movimento Democrático Brasileiro (PMDB), dava-lhe apoio integral. Carente de base política em um momento delicado da cena nacional, Sarney foi buscar na caserna a sua sustentação. Não seria exagero dizer que o presidente era um refém político das Forças Armadas.

Menos de um mês depois da posse, o ministro-chefe do SNI, general Ivan de Souza Mendes, deu uma entrevista à imprensa. Instado a falar sobre qual seria, na democracia, o novo papel do Serviço Nacional de Informações, ele respondeu fazendo uma reflexão sobre o passado:

O que passou, eu não tenho de me preocupar com isso, não tenho de dar explicações. Olhar para trás, eu não estou interessado. Nós temos que construir o futuro, juntar as pedras para construir o futuro e não jogá-las no passado.²

Estava dada a senha: no governo Sarney, os militares não seriam incomodados com um acerto de contas com seus atos pregressos. Os arquivos sigilosos continuariam sob o controle das Forças Armadas.

Na sucessão de José Sarney, em 1989, o cenário relacionado aos arquivos já não era o mesmo. Ao contrário, sofrera uma grande mutação, colocando as Forças Armadas em alerta. Na primeira eleição direta para presidente em 29 anos, 22 candidatos se apresentaram para a disputa. Alguns nomes assombravam os quartéis, como o do ex-sindicalista Luiz Inácio Lula da Silva, da coligação de esquerda que juntava partidos como o PT e o PCdoB, este último legalizado, novamente, três anos antes. Havia ainda Leonel Brizola, do Partido Democrático Trabalhista (PDT), um "subversivo" histórico que vivera quinze anos no exílio e por um bom tempo alimentara planos de derrubar a ditadura pelas armas.

Outro candidato a presidente que causava calafrios nos quartéis era Fernando Gabeira, do Partido Verde (PV). No final dos anos 1960, Gabeira militara no Movimento Revolucionário Oito de Outubro (MR-8), grupo armado com grande influência no meio estudantil cuja sigla homenageava um ícone mundial da esquerda, Ernesto Che Guevara, capturado na Bolívia em 8 de outubro de 1967. Gabeira fora um dos guerrilheiros que, em 1969, sequestraram o embaixador norte-americano Charles Elbrick, uma das ações mais audaciosas da luta urbana. Elbrick seria trocado por quinze presos políticos. Capturado poucos meses depois, Gabeira só ganharia a liberdade ao ser ele próprio trocado, juntamente com outros 39 presos políticos, por outro embaixador sequestrado, o alemão Ehrenfried von Holleben.

Alguns meses antes da eleição de 1989, em uma operação confidencial, agentes do SNI foram a campo para mapear as intenções de cada candidato com relação ao órgão. O resultado não agradou a cúpula do serviço secreto. Os dois primeiros colocados nas pesquisas de intenção de voto — o ex-governador de Alagoas Fernando Collor de Mello, do insignificante Partido da Reconstrução Nacional (PRN), e Lula — defendiam pura e simplesmente a extinção do Serviço Nacional de Informações. O terceiro colocado, Brizola, falava em manter o SNI, porém "democratizando-o", sem esclarecer o que isso significava. Entre os candidatos menos competitivos, Roberto Freire, do Partido Comunista Brasileiro (PCB), também sinalizava com a intenção de acabar com o SNI, enquanto Ulysses Guimarães, do PMDB, Mário Covas, do Partido da Social Democracia Brasileira (PSDB), e Guilherme Afif Domingos, do Partido Liberal (PL), defendiam mudanças profundas no órgão.[3]

O resultado da sondagem do SNI indicava que havia grandes chances de os arquivos sigilosos saírem do controle das Forças Armadas. Era chegado o momento de agir.

Ainda em 1989, o SNI montou um grupo de trabalho para estudar o possível impacto que a eleição presidencial provocaria no órgão. A ideia não era apenas prospectar cenários futuros, mas propor ações para interferir nesses cenários. Em setembro, dois meses antes do primeiro turno, o grupo sugeriu uma medida radical com relação aos prontuários biográficos arquivados no Serviço Nacional de Informações. Primeiro: fazer uma triagem do material que no futuro pudesse vir a ser usado, no contexto político ou jurídico, contra os agentes das áreas de informação e repressão e contra seus superiores. Depois, destruir tudo.[4]

Começava a operação limpeza nos arquivos da ditadura.

O SNI decidira destruir os prontuários biográficos comprometedores, mas não havia ordem expressa para eliminar outros tipos de documento. Portanto, em 1989, parte do acervo do Serviço Nacional de Informações começou a ser destruída, com o objetivo de ocultar provas, mas parte foi preservada.

As Forças Armadas seguiriam por um caminho semelhante: destruição de alguns acervos, ocultação de outros. O Exército, a Marinha e a Aeronáutica, assim como fizera o SNI, passaram um pente-fino em seus arquivos antes de iniciar a operação limpeza. É o que mostra o protocolo de documentos sigilosos do EMFA. Entre 1981 e 1988, o Estado-Maior das Forças Armadas recebeu de unidades do Exército, da Marinha e da Aeronáutica uma média anual de 3,5 inventários de documentos sigilosos. No ano menos movimentado, foram três. No mais movimentado, sete. Em 1989, porém, o quadro mudou. Naquele ano, apenas no período anterior ao primeiro turno (15 de novembro), o EMFA recebeu dezesseis inventários, mais que o dobro do recorde até então.[5] A conclusão é óbvia: antes que eventuais mudanças promovidas pelo novo presidente atingissem o coração dos segredos da ditadura, unidades do Exército, da Marinha e da Aeronáutica mapearam seus acervos (ou parte deles) e submeteram o resultado ao EMFA.

Na operação limpeza, o EMFA não funcionou apenas como um superbanco de inventários de documentos sigilosos. Vários dos próprios documentos secretos foram transferidos para o Estado-Maior das Forças Armadas.

Entre 1981 e 1988, o número de lotes de documentos sigilosos enviados por unidades militares ao EMFA girava em torno de 1,25 ao ano. Nos anos mais movimentados (1982, 1984 e 1987), foram dois. Um grande salto aconteceria em 1989. No ano da primeira eleição direta pós-ditadura, nada menos que oito conjuntos de documentos classificados seriam removidos para o EMFA.[6]

Enquanto o SNI e as Forças Armadas operavam nas sombras para eliminar e esconder provas de graves violações dos direitos humanos, o país vivia um frenesi cívico. No dia 15 de novembro de 1989, quando se comemorava o centésimo aniversário da República, mais de 82 milhões de eleitores foram às urnas. Mesmo que o resultado final tivesse sido adiado para um segundo turno de votação, o desejo de mudança estava definitivamente escancarado. O presidente seria Collor (uma novidade, quase uma esfinge do campo da direita) ou Lula (uma promessa de guinada à esquerda).

Deu Collor.

No SNI, soaram os alarmes. O ministro-chefe do Serviço Nacional de Informações, general Ivan de Souza Mendes, era um desafeto pessoal do presidente eleito — e vice-versa, diga-se de passagem. No início de 1988, quando ainda era governador de Alagoas, Collor fora a Brasília para uma audiência com Ivan, no Palácio do Planalto, mas acabou barrado na portaria. A ordem partira do próprio general, que estava furioso com Collor por causa de críticas ácidas que este fizera, na véspera, contra o então presidente José Sarney. Collor não perdoou. Convocou a imprensa e desancou o chefe do SNI, chamando-o de "generaleco". Seis meses depois, já candidato a presidente, Collor prometeu: "Acabo com esse órgão no primeiro dia [de governo]. Preciso de informações sérias e não de conversas de comadre, especialidade do SNI".

Se o SNI de fato corria o risco de ser extinto, como prometia Fernando Collor (mais tarde, o órgão seria parcialmente desmontado), era melhor Ivan se mexer.[7] E foi o que ele fez. Trinta e quatro dias antes da posse de Collor, o general enviou uma carta confidencial ao então ministro da Agricultura, Iris Resende, em que pedia de volta todos os documentos do SNI arquivados na Divisão de Segurança e Informações (DSI) do ministério.

> Encareço a V. Exa. determinar ao titular da Divisão de Segurança e Informações desse Ministério o recolhimento à Agência Central do SNI, até o próximo dia 28 de fevereiro [de 1990], do material (equipamentos, impressos, manuais, documentos normativos etc.) que lhe tenha sido distribuído pelo Serviço.[8]

A mira de Ivan era certeira. As Divisões de Segurança e Informações funcionavam como braços do SNI dentro dos ministérios civis, investigando e monitorando assuntos e alvos de interesse das Forças Armadas. Em um cenário de volta da democracia, os acervos das DSI poderiam ser usados contra os militares. Na carta enviada ao titular da pasta da Agricultura, que por sorte sobreviveria à operação limpeza, Ivan de Souza Mendes utilizara um argumento genérico para pedir de volta o material do serviço secreto: "evolução da finalidade" do SNI.[9] É plausível crer, portanto, que o arrastão de documentos promovido pelo general não tenha se restringido ao Ministério da Agricultura e sua Divisão de Segurança e Informações, mas se estendido a todos os ministérios civis e suas respectivas DSI.

O prazo estabelecido por Ivan para a devolução do material era igualmente emblemático. Caso os documentos chegassem ao SNI na data limite fixada pelo general, o órgão teria ainda duas semanas para destruir ou esconder os arquivos antes da posse do novo presidente.

A operação limpeza nos acervos da ditadura não parou depois da posse de Collor, ocorrida em 15 de março de 1990. A remessa de inventários de documentos sigilosos para o Estado-Maior das Forças Armadas, que já atingira o número recorde de dezessete em 1989, manteve-se em alta no ano seguinte — dezesseis listagens foram enviadas ao EMFA em 1990, sendo catorze nos cinco primeiros meses do novo governo.[10] Na época, a transferência de acervos secretos para o EMFA também conservou-se em nível elevado. As operações de remoção de acervos sigilosos para o Estado-Maior das Forças Armadas, que por quase uma década havia variado entre zero (ano de 1985), uma (1981, 1983, 1986 e 1988) e duas (1982, 1984 e 1987), saltou para oito no ano da eleição e se manteve em patamar alto após a posse de

Collor. Em 1990, o EMFA recebeu sete lotes de documentos sigilosos, sendo seis nos quatro primeiros meses do novo governo.[11]

3º ATO
MENTIR

AFLIGIDO POR ESCÂNDALOS DE CORRUPÇÃO em seu governo, Fernando Collor teve vida curta no Palácio do Planalto. No final de 1992, foi apeado do cargo em um ruidoso processo de impeachment e substituído por seu vice, Itamar Franco.

Na época, completava duas décadas a luta de familiares de mortos e desaparecidos políticos por informações que esclarecessem o destino de seus filhos, pais, avós, cônjuges, irmãos, sobrinhos, tios... Rogava-se ao menos a confirmação oficial dos óbitos e a entrega dos restos mortais, se ainda os houvesse.

Nem bem Itamar tinha acabado de montar sua equipe, uma comissão de familiares pediu (e obteve) uma audiência com o novo ministro da Justiça, Maurício Corrêa, com o propósito de entregar um dossiê sobre mortos e desaparecidos políticos. Corrêa surpreendeu. Em um gesto inédito desde a volta da democracia, oito anos antes, o ministro determinou a criação de uma comissão, com participação de representantes do Exército, da Marinha e da Aeronáutica, que teria por objetivo esclarecer o paradeiro dos desaparecidos políticos. Foi o primeiro gesto do Executivo no sentido de instar as Forças Armadas a abrir seus arquivos sigilosos.

Ainda em 1993, Exército, Marinha e Aeronáutica informaram ao Ministério da Justiça o que supostamente constaria em seus arquivos sobre cada um dos desaparecidos políticos. Não entregaram originais de documentos, apenas um relatório. Pela primeira vez, algumas poucas mortes foram oficialmente reconhecidas. Mas, de forma geral, as Forças Armadas omitiram dados, deixando de relatar mortes que eram de seu conhecimento e nas quais, em muitos casos, tinham participação.

No relatório apresentado pela Aeronáutica, em dezenas de relatos, era flagrante a falta de compromisso com a verdade. A apresentação do caso de Lyda Monteiro da Silva, por exemplo, chegava a ser surreal.

Viúva de 59 anos, mais antiga funcionária da seção fluminense da Ordem dos Advogados do Brasil (OAB), Lyda não tinha participação em nenhum tipo de militância política. Em agosto de 1980, ao abrir um pacote endereçado à presidência da OAB/RJ, teve o braço direito e a mão esquerda decepados. Dentro do pacote, havia uma bomba à base de nitropenta ligada a quatro detonadores, obra de um grupo terrorista ligado ao CIE. A mesa de madeira maciça onde Lyda trabalhava partiu-se no meio. Ela morreu poucas horas depois.[1] Na época, o caso foi amplamente noticiado pela imprensa, mas treze anos depois a Aeronáutica ainda teimava em brigar com os fatos. No relatório apresentado ao Ministério da Justiça em 1993, a força aérea afirmou: "Neste órgão, não há dados que comprovem essa versão [carta-bomba]".[2]

Outro caso em que a Aeronáutica respondeu ao Ministério da Justiça com desfaçatez foi o de Stuart Edgar Angel

Jones. No final da década de 1960, Stuart fora um dos muitos jovens que trocaram a universidade pela luta armada. Deixou para trás o curso de economia na Universidade Federal do Rio de Janeiro (UFRJ) para comandar as ações armadas do MR-8. Aos 26 anos de idade, foi preso por agentes do serviço secreto da Aeronáutica e levado para o *Paraíso*, como era conhecida a sede do Cisa no Rio de Janeiro, que funcionava dentro da Base Aérea do Galeão.[3] Em 1993, a Aeronáutica se pronunciou da seguinte forma sobre o caso: "Há cerca de 20 anos a imprensa vem publicando que, 71/72, Stuart foi morto na Base Aérea do Galeão, 'arrastado por toda a Base, amarrado a um Jeep, com a boca no cano de escapamento'". Era exatamente isso (mas não apenas) o que tinha acontecido ao guerrilheiro em maio de 1971. Antes de ser arrastado por um carro com o rosto próximo ao cano de descarga, Stuart foi torturado no pau de arara. O corpo nunca foi devolvido à família. Mesmo com toda a pressão interna e externa, inclusive por parte do governo dos Estados Unidos (o pai de Stuart, Norman Angel Jones, era cidadão norte-americano), a força aérea jamais reconheceu que prendera o guerrilheiro. No relatório enviado ao Ministério da Justiça em 1993, ao descrever o caso, a Aeronáutica tentou desqualificar a fonte da informação sobre o destino de Stuart, o também guerrilheiro Alex Polari, que presenciara os martírios ocorridos no Paraíso:

> Essa versão [do episódio que culminou com a morte de Stuart] teria sido baseada em declarações de ALEX POLARI DE ALVERGA — Militante da VPR, participante em cerca de 20 assaltos à mão armada e no sequestro de

2 Embaixadores e que, quando anistiado, estava condenado a duas prisões perpétuas e mais de 60 anos de prisão, nos processos em que já havia sido julgado.[4]

Sobre o desaparecimento de Stuart, a Aeronáutica foi lacônica: "Neste Órgão, não há dados a respeito da prisão e suposta morte de STUART EDGAR ANGEL JONES".[5]

O relatório enviado a Maurício Corrêa pelo ministro da Aeronáutica, brigadeiro Lelio Viana Lobo, estava repleto de falsidades. Catorze mortes ocorridas por ação da repressão foram apresentadas como suicídio, dentre elas a do jornalista Vladimir Herzog, assassinado em uma sessão de tortura com choques elétricos e espancamento, em 1975, na sede do DOI/Codi de São Paulo, no bairro do Paraíso.[6]

Quando tratou dos desaparecidos da Guerrilha do Araguaia, a Aeronáutica nem procurou esconder a má vontade com que se pronunciava. Em 47 casos de um total de 64, abaixo do nome de cada guerrilheiro vinha uma explicação seca:

> Segundo o noticiário da imprensa nos últimos 18 anos e documentos de entidades de defesa dos direitos humanos, [o guerrilheiro] teria sido morto ou desaparecido no Araguaia. Não há dados que comprovem essa versão.[7]

Ou seja, apesar de ter participado ativamente da campanha militar do Araguaia, inclusive da caçada final aos trinta últimos sobreviventes, a Aeronáutica sustentava saber menos sobre o episódio do que a imprensa e entidades de direitos humanos.[8]

O relatório enviado pelo ministro do Exército, Zenildo Lucena, ao Ministério da Justiça era um pouco mais detalhado, mas igualmente eivado de embustes. Sobre quatro guerrilheiros sabidamente abatidos em ações do Exército no Araguaia, o relatório da força terrestre afirmava constar apenas que teriam morrido, sem dar maiores explicações.[9] No caso do guerrilheiro Antônio de Pádua Costa, o Exército alegava não ter referência sobre ele. Não era verdade. Em 1974, já no final da campanha militar no Araguaia, quando os guerrilheiros sobreviventes eram caçados um a um, Costa fora preso e obrigado a guiar soldados pela mata, segundo testemunhos colhidos anos depois pelo Ministério Público.[10]

A força terrestre também omitiu ter dados sobre a morte de outros onze guerrilheiros (Vandick Reidner Pereira Coqueiro, Uirassu de Assis Batista, Guilherme Gomes Lund, Jana Moroni Barroso, João Carlos Haas Sobrinho, João Gualberto Calatrone, José Lima Piauhy Dourado, José Toledo de Oliveira, Luiz Renê Silveira e Silva, Maria Lúcia Petit da Silva e Paulo Mendes Rodrigues).[11] Três anos depois, as onze mortes seriam confirmadas por documentos sigilosos do próprio Exército divulgados pelo jornal *O Globo*.[12]

Ao relatar ao Ministério da Justiça o caso do comandante da guerrilha do Araguaia, Maurício Grabois, a força terrestre também ocultou fatos. Doente e praticamente cego, Grabois fora morto no dia 25 de dezembro de 1973 em uma operação decisiva contra a guerrilha que ficaria conhecida como *Chafurdo do Natal* (na linguagem militar, "chafurdo" significa "combate"). No Chafurdo do Natal, que deixou a guerrilha acéfala, além de Grabois, foram mortos pelo Exército outros oito guerrilheiros: Gilberto Olímpio Maria, Guilherme Gomes Lund, Paulo Mendes Rodrigues, Paulo Roberto Pereira Marques, José Huberto Bronca, Orlando Momente, Marcos José de Lima e Luiz Vieira. No relatório de 1993, a força terrestre se limitou a declarar o seguinte sobre Maurício Grabois:

> O jornal *O Estado de S. Paulo*, em sua edição de 10 Out. 82, noticiou sua morte no dia 25 Dez. 73, em confronto com as forças de segurança na área entre Xambioá/GO e Marabá/PA, não havendo dados que confirmem essa versão.[13]

José Huberto Bronca, abatido no Chafurdo do Natal, também foi apagado da memória do Exército. No relatório enviado ao ministro da Justiça, a força terrestre sustentou que tivera notícia do desaparecimento de Bronca por intermédio de uma entrevista à imprensa concedida pela mãe do guerrilheiro, Ermelinda Mazzafero Bronca, viúva de 87 anos.[14] Ermelinda dedicaria 24 anos de sua vida à procura de informações sobre José Huberto. Ao falecer, aos 97, já como um símbolo da busca pelos desaparecidos políticos, seu obituário registraria: "morreu sem realizar seu sonho", enterrar o filho.[15]

Na informação que prestou ao Ministério da Justiça em 1993, a Marinha, seguindo os exemplos do Exército e da Aeronáutica, também deslembrou quase tudo que sabia — e que havia registrado em seus arquivos — sobre as vítimas da ditadura. No *Aviso nº 024/MM*, de 5 de fevereiro de 1993, a força naval adulterou as biografias de onze adversários do regime militar, negando ter informação de que estivessem mortos. Os óbitos, contudo, constavam dos primeiros microfilmes do Cenimar, processados 21 anos antes — os tais "prontuários de pessoas mortas".[16] A Marinha ocultou justamente os pedaços da história em que os onze adversários da ditadura tombavam em ações promovidas pelas forças de repressão.

Sobre Joel Vasconcelos Santos, a Marinha informou ao Ministério da Justiça que a última notícia que tivera dele fora a de que havia sido "preso em 15 de março de 1971 e transferido para local ignorado".[17] A afirmação continha duas verdades, uma omissão e um embuste. De fato, naquele dia, Joel (estudante secundarista e militante do PCdoB) fora detido pela polícia, no Rio de Janeiro, nas imediações do Morro do Borel, por suspeita de envolvimento com o tráfico de drogas. Também era verdade que tinha sido transferido, mas o local não era ignorado: do 6º Batalhão da Polícia Militar, na Barra da Tijuca, Joel fora levado para um quartel da PM no centro da cidade, e de lá para o DOI/Codi, que funcionava dentro do Batalhão de Polícia do Exército, na rua Barão de Mesquita, na Tijuca. Segundo uma testemunha, Joel teria ficado pelo menos quatro meses no DOI/Codi, sob tortura constante, antes de desaparecer aos 21 anos de idade.[18] Em 1972, a Marinha já sabia que Joel estava morto, mas omitiu a informação no relatório produzido em 1993.

Ainda no relatório de 1993, a Marinha informou constar em seus arquivos que Helenira Resende de Souza Nazareth e Izis Dias de Oliveira eram consideradas "foragidas", e que Felix Escobar tinha sido "preso por atividades terroristas".[19] Sobre a morte dos três, devidamente registradas nos microfilmes do Cenimar, nenhuma palavra.

Apesar de saber, havia pelo menos 21 anos, que Antônio dos Três Reis de Oliveira, José Gomes Teixeira e Ezequias Bezerra da Rocha estavam mortos, a Marinha relatou ao Ministério da Justiça que eles eram considerados desaparecidos. No caso dos dois últimos, a Marinha atribuiu a informação a uma reportagem de jornal e a um dossiê de uma entidade de defesa dos direitos humanos.[20]

Com relação ao ex-deputado Rubens Paiva, no relatório enviado ao ministro da Justiça, a Marinha se limitou a reproduzir a frágil versão oficial da ditadura — "preso, teria fugido" —, acrescentando que ele havia sido "citado em lista de pessoas desaparecidas" publicada pelo jornal *O Globo*.[21] Rubens Paiva era mais um nome que constava do "prontuário de pessoas mortas" microfilmado pelo Cenimar em 1972.[22]

Ao omitir informações e faltar com a verdade de forma praticamente ostensiva em comunicados oficiais ao ministro da Justiça, as Forças Armadas mostraram que, oito anos após o fim do regime militar, ainda não estavam dispostas a se submeter ao poder civil. Uma década e meia depois, ao comentar as informações que recebera das Forças Armadas em 1993, o ex-ministro Maurício Corrêa afirmaria: "As respostas fornecidas eram totalmente evasivas. Não havia nada de concreto [nos relatórios]. Eram basicamente notícias retiradas de jornais. Não diziam quem tinha feito o quê".[23]

Exército, Marinha e Aeronáutica já não mandavam. Mas também não obedeciam.

Na mesma época em que mentiram para o Ministério da Justiça, as Forças Armadas começaram a difundir uma justificativa para a suposta falta de informações sobre mortos e desaparecidos políticos em seus arquivos. Em um movimento sincronizado, Exército, Marinha e Aeronáutica passaram a alegar que os documentos sigilosos relativos à repressão tinham sido destruídos, em época desconhecida, em operações rotineiras de limpeza de arquivo. Detalhe: os documentos teriam sido eliminados sem que se fizesse um registro do procedimento, como se fosse papel velho, sem importância, descoberto por acaso em um fundo de armário. A desculpa era simplória. Como acreditar, por exemplo, que teriam sido destruídos, em operações rotineiras, os registros das campanhas contra a Guerrilha do Araguaia, que haviam envolvido mais de 2 mil homens na maior mobilização militar do país desde a participação do Brasil na Segunda Guerra? Seria um gesto equivalente ao de apagar a própria história do Exército, da Marinha e da Aeronáutica apenas para abrir espaço nos arquivos. Mais: seria a eliminação, por motivos meramente casuais, de um gigantesco volume de dados relacionados ao (raro) emprego da tropa em luta — e em uma modalidade de luta mais rara ainda, a operação antiguerrilha. Aqueles eram registros de imenso valor para a instrução da tropa e do comando e para a própria evolução da estratégia militar. Se era mesmo verdade que os arquivos do Araguaia tinham sido eliminados, não se tratara de uma operação de rotina, mas sim de ocultação de provas.

Para a força terrestre, era ainda mais embaraçosa a alegada destruição fortuita dos arquivos da ditadura. Isso porque, pouco tempo antes, no final de 1988, o Exército concluíra o texto de um livro em que contava sua versão dos combates contra a luta armada. Batizado como *As tentativas de tomada do poder*, o livro fora produzido pelo serviço secreto do Exército com base nos documentos sigilosos de seu arquivo. O então ministro da força terrestre, general Leônidas Pires Gonçalves, chegou a levar o original da obra para o presidente Sarney, que vetou a publicação por temor de uma crise político-militar.[24] Mesmo com o engavetamento do livro, contudo, o estrago estava feito: não havia mais como o Exército negar que conservara os arquivos da ditadura pelo menos até 1988, ou seja, cinco anos antes do envio do relatório com dados falsos sobre desaparecidos políticos ao Ministério da Justiça.[25]

A desculpa usada pelas Forças Armadas para negar a existência dos acervos da ditadura acabava sendo uma confissão de quebra das normas. Havia mais de quarenta anos, a legislação estabelecia regras rígidas tanto para o arquivamento de documentos confidenciais como para a sua destruição. O "Regulamento para a salvaguarda das informações que interessam à segurança nacional", que ordenou a custódia de documentos sigilosos no Brasil pela primeira vez, é de 1949.[26] O regulamento inaugurou a escala de classificação de sigilo em quatro graus, pela ordem crescente: reservado, confidencial, secreto e ultrassecreto. Todo documento qualificado em um dos quatro graus de sigilo podia ganhar ainda o selo de "controlado", o que obrigava periodicamente seu detentor a prestar contas sobre a guarda e a localização do material. Controle era a palavra-chave. O parágrafo 31 do regulamento determinava que os documentos confidenciais, secretos e ultrassecretos fossem guardados "nos mais seguros arquivos disponíveis", de preferência cofres com segredo de três combinações ou arquivos de aço com dispositivo de segurança equivalente. Fora do horário de consulta interna, as salas destinadas a abrigar tais cofres ou armários deveriam ficar fechadas a chave. Na impossibilidade de utilizar cofres, armários de aço ou salas trancadas, o regulamento determinava que fossem colocados guardas armados na porta.[27]

A rigidez no controle de acervos sensíveis explica-se pelo período em que o decreto fora baixado. Era o início da Guerra Fria. Três fatos ocorridos em 1949 dão a medida da tensão vivida na ocasião: em agosto, a União Soviética testou sua primeira bomba atômica; em setembro, a Alemanha foi oficialmente dividida em duas; e, em outubro, a China, já à época o país mais populoso do mundo, abraçava a bandeira do comunismo. No Brasil, o presidente da República era Eurico Gaspar Dutra, o general que, quatro anos antes, como ministro da Guerra, fora o responsável pela formação da Força Expedicionária Brasileira, enviada à Itália para combater os soldados de Adolf Hitler e Benito Mussolini.

O regulamento de 1949 também foi pioneiro em estabelecer regras para a destruição de documentos sigilosos. Desde aquela época, a destruição de acervos secretos não é tarefa trivial. Pelo contrário. Os inúmeros procedimentos burocráticos estabelecidos no regulamento de 1949 tornavam o processo longo e obrigavam a participação formal de diversos personagens. A operação era feita sob controle absoluto da máquina estatal.

Antes de tudo, era preciso autorização superior para iniciar o processo com vistas a eliminar documentos com os carimbos reservado/controlado, confidencial, secreto e ultrassecreto. Quando autorizada, a destruição tinha de ser feita na presença do guardião do acervo e de uma testemunha. E, após a operação, ainda era preciso cumprir duas outras formalidades. O guardião do acervo e a testemunha que havia acompanhado o expurgo assinavam o chamado "termo de destruição", que era enviado à autoridade que determinara a deflagração do processo. E esta, por sua vez, remetia o termo à repartição responsável pelo controle do documento.[28]

Havia uma brecha — tratava-se de uma "exceção", deixava claro o regulamento — que permitia contornar a burocracia. Mas isso dependia de uma ordem expressa da Secretaria Geral do Conselho de Segurança Nacional, do Estado-Maior das Forças Armadas ou dos ministérios militares.[29] Portanto, mesmo no caso do recurso à exceção, a operação deixava rastros, pois era preciso uma ordem assinada para dispensar os trâmites normais.

Em 1967, as normas de salvaguarda de documentos sigilosos foram alteradas. Por um lado, a burocracia foi ligeiramente afrouxada — a lavratura de termos de destruição passou a ser obrigatória apenas para documentos secretos e ultrassecretos. Em contrapartida, somente a autoridade que produzira o documento ou uma superior a ela podiam ordenar a destruição, e sempre por meio de uma ordem oficial. E mais: foi aumentado de um para dois o número de testemunhas que acompanhavam o procedimento e deixavam suas assinaturas no termo de destruição. Ou seja, extinguir um documento sigiloso passou, de um lado, a exigir mais poder e, de outro, a deixar mais impressões digitais.[30]

A inovação mais importante no regulamento de 1967 foi o estabelecimento de sanções para o não cumprimento das regras. Quem fosse flagrado desobedecendo as normas de salvaguarda de documentos sigilosos poderia responder por seus atos não apenas na Justiça Militar, mas também na justiça comum, na área penal. Desrespeitar o regulamento era crime.[31]

A regulamentação foi modificada novamente em 1977, e mais uma vez houve um aperto nas regras para destruição de documentos sigilosos. A lavratura de termos de destruição, que já era obrigatória para documentos secretos e ultrassecretos, foi estendida para documentos classificados como reservados/controlados e confidenciais/controlados. Além da já existente obrigação de enviar o termo de destruição original para a autoridade que determinara o expurgo e de uma cópia à repartição de controle de documentos sigilosos, passou a ser exigida a transcrição do termo de destruição em livro próprio.[32]

O regulamento de 1977 ainda estava em vigência quando as Forças Armadas começaram a difundir, no início dos anos 1990, que os acervos da repressão tinham sido eliminados em operações casuais, em época desconhecida. Se o expurgo generalizado dos documentos tivesse de fato ocorrido em ações-padrão, Exército, Marinha e Aeronáutica teriam em seu poder uma montanha de termos de destruição (afinal, estamos falando de mais de trinta anos de documentos acumulados pelas Forças Armadas). Os termos de destruição, porém, jamais foram apresentados.

Com o passar do tempo, os militares também arranjaram uma justificativa para a ausência dos termos de destruição. Antes de ser destruída, boa parte dos documentos teria sido desclassificada, ou seja, teria sido anulada a classificação de sigilo. Com isso, documentos antes qualificados como reservado, confidencial, secreto ou ultrassecreto passaram a ter o mesmo status de um memorando de compra de canetas para um quartel. E assim, como não eram mais sigilosos, podiam ser destruídos de modo sumário.

Mais uma vez, porém, bastava consultar a legislação para ver que a desculpa não parava em pé. Desde 1949, a desclassificação de um documento sigiloso ou ainda a sua reclassificação (de ultrassecreto para secreto, por exemplo) demandavam a emissão de ofícios assinados.[33] E, a partir de 1967, tanto a desclassificação como a reclassificação eram registradas em livro próprio, sendo obrigatório constar o nome e o cargo de quem dera a ordem e o nome de quem a cumprira.[34]

A tabela a seguir, feita com base na legislação do período 1949-97, mostra como a destruição de documentos sigilosos, inclusive depois de eventualmente desclassificados ou reclassificados, era precedida e sucedida de diversos trâmites burocráticos, envolvia vários agentes públicos e, ao final, deixava registros minuciosos dos procedimentos adotados. Anotações que, no futuro, poderiam servir para identificar os responsáveis por possíveis transgressões das regras e ser usadas como prova em processos penais.

Regras para destruição de documentos sigilosos (1949-97)[a]

REGRAS	PERÍODO		
	1949-67	1967-77	1977-97
Exigência de autorização oficial prévia	X[e]	X	X
Exigência de testemunha para acompanhar a destruição	X[b,e]	X[c]	X[c]
Exigência de lavratura de termo de destruição para documento reservado	X[d,e]		X[d]
Exigência de lavratura de termo de destruição para documento confidencial	X[d,e]	X	X
Exigência de lavratura de termo de destruição para documento secreto	X[e]	X	X
Exigência de lavratura de termo de destruição para documento ultrassecreto	X[e]	X	X
Exigência de difusão do termo de destruição	X[e]	X	X
Exigência de ofício autorizando alteração do grau de sigilo	X[e]	X	X
Exigência de registro em livro próprio da alteração do grau de sigilo		X	X
Infrações sujeitas a sanção, inclusive no campo penal		X	X

[a] Decretos nºs 27583/49, 60417/67 e 79099/77. [b] Uma testemunha. [c] Duas testemunhas. [d] Para documentos com o carimbo "controlado". [e] A regra podia ser contornada, mas também dependia de ordem oficial.

No caso específico dos documentos em microfilme, a legislação dificultava ainda mais a sua eliminação. A lei, de 1968, estabelecia que a destruição de microfilmes devia ser registrada "em livro próprio". Ou seja, deixava rastros. E, mesmo assim, nem tudo podia ser apagado. O artigo 2º era categórico: "Os documentos de valor histórico não deverão ser eliminados".[35] Ainda que a norma não definisse o que era "valor histórico", ficava claro que o legislador tivera a preocupação de impor limites à destruição de documentos sigilosos. As Forças Armadas, porém, agiam como se isso não estivesse na lei. Ao propalar que os microfilmes tinham sido destruídos em operações rotineiras, indiretamente afirmaram que nenhum de seus acervos miniaturizados tinha "valor histórico". Nem mesmo os referentes às campanhas contra a Guerrilha do Araguaia, com dados da tropa em combate real, uma ação rara.

A legislação referente à guarda dos acervos sigilosos (seja em papel, seja em microfilme) era cristalina: a destruição de registros sensíveis deveria ser uma exceção, não uma regra. E a exceção, quando aplicada, era rigidamente controlada e fartamente documentada. Qualquer coisa fora disso era violação das regras.

Os acervos secretos da ditadura estavam recheados de provas de graves violações dos direitos humanos. Se esses acervos (ou parte deles) tinham sido de fato destruídos e os termos de destruição, igualmente eliminados, é possível supor que houvera uma megaoperação de eliminação de provas de crimes. Ou, por outra hipótese, se os acervos (ou parte deles) não tinham sido destruídos, o caso passava a ser ocultação de provas.

Não havia para onde correr. Em tese, em uma ou outra circunstância, militares deveriam responder nas esferas administrativa e judicial pela destruição ou pela ocultação de provas de crimes. Nunca o fizeram.

4º ATO
CALAR-SE

UM DOS PILARES DO REGIME DEMOCRÁTICO é a subordinação do poder militar ao poder civil. Desde a volta da democracia no Brasil, em 1985, esse pilar fraqueja.

O presidente José Sarney (1985-90) nada fez para abrir os arquivos secretos da ditadura. Já Fernando Collor de Mello (1990-2) teve o mérito de desmontar (pelo menos parcialmente) o Serviço Nacional de Informações, mas o acervo do SNI foi integralmente absorvido pelo órgão que o sucedeu, o Departamento de Inteligência (DI), que manteve a política de gavetas trancadas.[1] Collor também não avançou um milímetro em relação à abertura dos arquivos dos serviços secretos militares.

Na gestão de Itamar Franco (1992-4), pela primeira vez as Forças Armadas foram instadas pelo Executivo a fornecer informações sobre os desaparecidos políticos. Porém, os relatórios do Exército, da Marinha e da Aeronáutica enviados ao então ministro da Justiça, Maurício Corrêa, foram considerados sem substância.[2] Ainda assim, jamais foram contestados.

Houve um grande progresso no governo Fernando Henrique Cardoso (1995-2002) quanto ao reconhecimento de responsabilidade, por parte do Estado, pelas mortes e pelos desaparecimentos políticos ocorridos na ditadura. Uma lei de 1995 reconheceu como oficialmente mortos 136 desaparecidos políticos. E foi criada ainda uma comissão especial para analisar outros casos.[3] A comissão, contudo, nasceu capenga. As Forças Armadas não foram obrigadas a abrir seus arquivos. Na tentativa de elucidar intrincados casos de sequestro, tortura, morte, desaparecimento e ocultação de cadáveres, cabia às famílias das vítimas o ônus da prova. E não apenas isso. Durante os trabalhos, órgãos do Estado sonegaram informações que poderiam esclarecer inúmeros casos, de acordo com um dos membros da comissão, deputado Nilmário Miranda, representante da Comissão de Direitos Humanos da Câmara dos Deputados. À época, Nilmário citou os serviços secretos do Exército, da Marinha e da Aeronáutica, a Polícia Federal e as P2 (serviços de inteligência das Polícias Militares). "[Esses órgãos] têm informações arquivadas sobre o período da ditadura que precisam ser conhecidas pela nação", afirmou o então deputado.[4]

Em 1998, ainda no governo FHC, a União foi intimada pela Justiça Federal de Brasília a informar as circunstâncias dos óbitos e o paradeiro dos restos mortais dos desaparecidos da Guerrilha do Araguaia. Movido por familiares de guerrilheiros desaparecidos, o processo tramitava havia dezesseis anos, período em que fora duramente contestado e habilmente protelado pela Advocacia Geral da União.[5] No ano 2000, o Exército — cabeça das campanhas militares no Araguaia — foi finalmente instado a se pronunciar nos autos. A força terrestre foi curta e grossa: "Não há documento nem qualquer outra informação a ser prestada àquela autoridade [Justiça Federal], neste momento".[6] Antes da promulgação da sentença judicial, o segundo mandato de Fernando Henrique chegou ao fim. Ele deixou o Palácio do Planalto em 1º de janeiro de 2003 sem ter aberto os arquivos da ditadura. E ainda levou para sua biografia o fato de, quatro dias antes do fim de sua gestão, ter baixado um decreto que ia justamente ao encontro do desejo das Forças Armadas de continuar a manter seus arquivos fechados. O decreto prolongava os prazos máximos de sigilo de documentos do Estado e instituía a inédita figura do sigilo eterno, aplicável para documentos ultrassecretos.[7] Anos depois, FHC se justificaria dizendo que assinara o decreto sem ler o texto.

Saiu Fernando Henrique e entrou Luiz Inácio Lula da Silva.

Na ditadura, Lula fora um dos alvos prioritários dos serviços de informação. O primeiro documento sigiloso de que se tem notícia a mencionar o nome de Lula é de 1977, quando o então presidente do Sindicato dos Metalúrgicos de São Bernardo do Campo e Diadema, na região metropolitana de São Paulo, acabara de ganhar projeção nacional por sua atuação em uma campanha por reposição salarial.[8] Dali em diante, ele seguiria na mira dos órgãos de repressão e inteligência, que acompanhariam (e registrariam), entre outros, sua prisão por 31 dias no Dops/SP em 1980, suas articulações para a fundação do PT no mesmo ano, sua dedicação à campanha das Diretas-Já em 1984, sua eleição para deputado federal em 1986 e sua candidatura a presidente pela primeira vez em 1989. Mesmo quando a ditadura acabou, Lula não deixou de ser monitorado. No governo

Sarney, um documento do SNI insinuava que Lula poderia liderar a volta da luta armada no país.[9] Em 1995, no governo FHC, o CIE colocou agentes disfarçados para vigiar o X Encontro Nacional do PT, liderado por Lula.[10]

Luiz Inácio Lula da Silva presidente era esperança (ou temor, dependendo do público) de mudança pela frente. Inclusive em relação aos arquivos secretos da ditadura. Era o que sugeria a composição de seu ministério, recheado com antigos alvos da repressão, como José Dirceu (Casa Civil, ex-banido político com treinamento de guerrilha em Cuba), Dilma Rousseff (Minas e Energia, ex-guerrilheira presa e torturada pelos militares) e o próprio Nilmário Miranda (Direitos Humanos, ex-preso político que ficara quase surdo de um ouvido devido a torturas). As aparências, contudo, eram apenas isso — aparências.

Seis meses após a mudança no Planalto, caiu no colo de Lula o processo judicial movido pelos familiares dos guerrilheiros do Araguaia. A sentença da 1ª Vara da Justiça Federal de Brasília condenou a União a abrir os arquivos das campanhas militares contra a guerrilha e a informar o local de sepultamento dos corpos. Era o primeiro desafio de Luiz Inácio no campo dos arquivos sigilosos. A decisão da Justiça poderia ser encarada, pelo petista, como uma oportunidade para obrigar as Forças Armadas a revelar um pedaço nebuloso da história do Brasil. Para Lula, no entanto, a sentença significou apenas um estorvo.

Decidido a evitar uma agenda que pudesse colocá-lo em rota de colisão com as Forças Armadas, Luiz Inácio optou por recorrer da decisão judicial que mandava abrir os arquivos militares.[11] Em agosto de 2003, a Advocacia Geral da União (AGU) apelou da sentença — e perdeu. Tornou a recorrer em julho de 2005, e mais uma vez saiu derrotada. Não havia mais recurso; cabia agora à Justiça ordenar o cumprimento da sentença.

No período entre a primeira e a segunda tentativas da AGU de reverter o resultado do julgamento, o ministro-chefe do Gabinete de Segurança Institucional (GSI), general Jorge Armando Félix, deu uma polêmica entrevista à *Folha de S.Paulo* em que, falando de forma genérica, defendeu que os arquivos da ditadura permanecessem fechados. Quem falava não era apenas um general de quatro estrelas, patente mais alta na hierarquia militar, e um ministro de Estado com gabinete no Palácio do Planalto. Era um homem da área de informações. Como ministro-chefe do GSI, Félix tinha sob sua subordinação a Agência Brasileira de Inteligência (Abin), sucessora do SNI, criada em 1999.[12] Na entrevista, o general defendeu uma estranha teoria: quem mais teria a perder com a abertura dos acervos seriam as vítimas da ditadura, não os militares:

> **Folha de S.Paulo** & Jorge Armando Félix
>
> **Que arquivos da ditadura estão guardados na Abin?** Temos arquivos da Comissão Geral de Investigações, depois vamos recolher os do Conselho de Segurança Nacional, que fazia as cassações. Isso vai tudo para o Arquivo Nacional, no Rio. Temos os arquivos do SNI, estão microfilmados. E é aquela história. Não tem nada bonito ali.
> **Não tem nada bonito dos dois lados?** Não, só tem de

um lado. É corrupção. Tomamos todas as precauções, porque ali trata-se de pessoas, e é preciso que se preserve a individualidade, o direito à privacidade. Essas pessoas estão aí, estão vivas.

E os documentos sobre tortura, desaparecimentos? Não encontrei nada na Abin até agora. Há dossiês que nos preocupam, porque tratam de pessoas em situações extremamente constrangedoras. Eu até gostaria de destruir esse tipo de documento. Isso não é história, não vai fazer bem a ninguém. Se aparecer, só vai fazer mal à reputação das pessoas, e tem gente aí, hoje, com 75, 80 anos de idade. Para que serve isso?

E o material dos DOI/Codi? O que há ali são as microfichas. As pessoas fazem pedidos, já respondemos a 7 mil ou 8 mil pedidos de informação.

O governo diz que os documentos do Araguaia foram incinerados, mas isso exigia os termos de destruição. Onde está? [sic] Nós não encontramos dentro da Abin. Continuamos procurando.

E nos órgãos de inteligência das Forças Armadas? Isso é um problema das Forças Armadas.

O sr. vê problema em divulgar os arquivos? Tem problema divulgar porque ali você fala de pessoas, de indivíduos. Tem gente que naquela época estava na clandestinidade, tinha outra mulher e hoje não tem, está com a antiga. Se isso aparecer, você pode destruir uma família. Tem os companheiros que entregaram, está escrito ali. Aquilo ali é problema daquela pessoa. Ninguém mais deve tomar conhecimento disso a não ser com autorização da pessoa ou da família, se ela tiver morrido.[13]

Prestes a ser emparedado pelo Judiciário, Lula pretendeu dar uma demonstração pública de que se preocupava com o tema dos arquivos da ditadura. Ainda em 2005, o presidente baixou um decreto em que mandava recolher ao Arquivo Nacional os acervos dos extintos Conselho de Segurança Nacional (CSN), Comissão Geral de Investigações (CGI) e SNI, todos eles citados pelo general Félix em sua entrevista. Pelo decreto, os documentos deveriam ser classificados, sistematizados e depois disponibilizados ao público.[14] Em outra ponta, o governo criou um Centro de Memória sobre a Repressão Política no Brasil, que teria por objetivo reunir, também no Arquivo Nacional, acervos de organizações públicas e particulares. Segundo prometia o governo, no futuro o material poderia ser consultado pela internet.

Com as duas medidas, o governo do PT passou a gabar-se de, em apenas dois anos, ter conseguido dobrar o número de documentos do regime militar sob a posse do Arquivo Nacional.[15] O acervo público crescia, era inegável, mas havia um problema: do ponto de vista histórico, o material agregado era fraco. Raros eram os documentos que acrescentavam alguma peça importante no quebra-cabeça que familiares de vítimas da ditadura tentavam montar fazia três décadas. Sobre mortos e desaparecidos políticos, quase nada havia que pudesse responder perguntas como quando, onde, por quê, por quem e a mando de quem. Continuava obscuro o paradeiro dos principais acervos da repressão — os dos serviços secretos militares (CIE, Cisa e Cenimar) e os das dez unidades do DOI/Codi.[16] E eram justamente eles, presumia-se pelo material já localizado e divulgado pela imprensa, que guardavam informações que poderiam ajudar a localizar corpos de desaparecidos políticos.[17]

A carência de dados relevantes nos acervos transferidos ao Arquivo Nacional fez aumentar ainda mais a suspeita de que documentos da repressão estavam sendo ocultados. Dentro do próprio governo, havia quem falasse abertamente que os arquivos da ditadura não tinham sido completamente destruídos, conforme alegavam as Forças Armadas. E quem dizia isso era ninguém menos que o ministro da Justiça, Márcio Thomaz Bastos, um dos homens fortes do governo Lula. Em 2004, em um dos mais conceituados programas de entrevistas da televisão brasileira, o "Roda Viva", da TV Cultura, Thomaz Bastos foi questionado sobre a possível existência de acervos da ditadura. "Há ou não há documentos?", perguntou em tom direto o jornalista Eumano Silva, um especialista no tema. Márcio Thomaz Bastos respondeu do mesmo modo, sem recorrer a desvios:

> Há documentos, seguramente, há documentos *lato sensu*. Eu não estou dizendo que só [há] [...] documentos do Araguaia. As notícias que eu tenho é que existem documentos xerox, documentos copiados. Agora, em relação a documentos do período da ditadura, existem seguramente.[18]

O ministro dizia em público ser favorável à abertura dos arquivos da repressão. Chegou inclusive a defender em conversa com o presidente Lula, a qual divulgou posteriormente, que o governo não recorresse da decisão judicial que mandava liberar os documentos das campanhas militares no Araguaia.[19] Nessa questão, contudo, mesmo sendo um dos pilares do governo, Thomaz Bastos foi voto vencido. Prevaleceu a vontade das Forças Armadas, do então ministro da Defesa, embaixador José Viegas Filho, e do próprio Lula. Os arquivos continuariam fechados.

Ano após ano, a versão das Forças Armadas para a destruição generalizada dos arquivos, em operações legais e rotineiras, era desmentida pelos fatos. Sobretudo pela divulgação na imprensa de vasta quantidade de documentos sigilosos da ditadura.[20] Em 2007, aconteceu de novo. Naquele ano, veio à tona — e na íntegra (919 páginas) — um importante documento do serviço secreto do Exército, o *Projeto Orvil*.

A origem do projeto remonta a 1985, quando, logo após o fim da ditadura, a Arquidiocese de São Paulo lançou o livro *Brasil: nunca mais*, que trazia um mapeamento das ações de sequestro, tortura, assassinato e desaparecimento de presos políticos ocorridas no regime militar. A publicação enfureceu o então ministro do Exército, Leônidas Pires Gonçalves, que mandou o CIE preparar um livro-resposta, uma obra que contasse como as Forças Armadas tinham salvado o Brasil do comunismo e dos comunistas. Nascia então o *Projeto Orvil* (a palavra "livro" ao contrário), a primeira e até hoje única versão das Forças Armadas para a repressão. Durante quase três anos, uma equipe formada por três oficiais e seis subalternos, sob o comando do coronel Agnaldo Del Nero Augusto, esquadrinhou documentos dos arquivos do CIE. Em 1988, os originais do *Orvil*, batizado formalmente com o título *As tentativas de tomada do poder*, foram levados por Leônidas ao então presidente José Sarney. "Eu fiz este livro. É uma arma que eu tenho na mão", disse o general a Sarney. O presidente, contudo, achou por bem vetar a publicação.[21]

Nos anos seguintes, de forma clandestina, o *Orvil*, como o manuscrito do CIE ficaria conhecido na caserna, foi passando de mão em mão em um pequeno (e fechado) círculo de militares e civis de extrema direita. Somente quinze cópias foram feitas.[22]

Em 2007, finalmente o conteúdo do *Orvil* veio à luz, em reportagens publicadas na imprensa.[23] O general Leônidas, então com 85 anos, lúcido, reconheceu publicamente que o *Orvil* tivera como base os documentos sigilosos do acervo do serviço secreto do Exército. Questionado se os arquivos não haviam sido destruídos, conforme a versão oficial das Forças Armadas, o ex-ministro do Exército foi categórico: "Foram queimados coisa nenhuma".[24] O general também criticou os familiares de guerrilheiros do Araguaia por buscarem informação sobre seus parentes. "Por que não perguntam o que seus filhos estavam fazendo lá? Por que não perguntam se mereciam ou não mereciam, na luta, serem mortos?"[25] Sobre o destino dos corpos dos guerrilheiros desaparecidos no Araguaia, Leônidas também bateu pesado: "Nós cuidamos dos nossos mortos. Eles deviam ter cuidado dos mortos deles".[26]

Um ex-ministro do Exército finalmente botava para fora o que, havia décadas, era comentado entre quatro paredes em reuniões do Alto-Comando das Forças Armadas.

O general Leônidas confirmou, e o manuscrito do *Orvil* por sua vez provou que os arquivos sigilosos do Exército não tinham sido integral e legalmente destruídos. Comparando o conteúdo do manuscrito finalizado pelo CIE em 1988 com o relatório enviado pela força terrestre ao Ministério da Justiça em 1993, ficava evidente que, na segunda oportunidade, o Exército sonegara informações de que dispunha em seus arquivos. No relato de quinze casos envolvendo mortos e desaparecidos da Guerrilha do Araguaia, o material dos anos 1980, ainda que contivesse manipulações e inverdades, era substancialmente mais detalhado que o dos anos 1990. Cinco anos após ter colocado no papel dados diversos, como datas e locais das mortes de guerrilheiros e as unidades militares envolvidas na ação, o Exército mudou as versões, passando a adotar o mantra não vi/não sei/nada consta. Os dois relatórios falam por si:

> **VÍTIMA** Miguel Pereira dos Santos.
>
> **POSIÇÃO DO EXÉRCITO EM 1988** "Neste dia [27 de setembro de 1972], o terrorista Miguel Pereira dos Santos (Cazuza), do destacamento C [da Guerrilha do Araguaia], foi morto numa emboscada, tendo seu acompanhante logrado fugir ileso."[27]
>
> **POSIÇÃO DO EXÉRCITO EM 1993** "Participou ativamente da guerrilha do Araguaia, onde teria desaparecido em 1972."[28]
>
> **VÍTIMAS** Antônio Carlos Monteiro Teixeira; José Toledo de Oliveira e Francisco Manoel Chaves.
>
> **POSIÇÃO DO EXÉRCITO EM 1988** "No dia 29 [de setembro

de 1972], um grupo de quatro ou cinco terroristas tentou emboscar um GC [grupo de combate] do 10º BC [Batalhão de Caça]. Os terroristas montaram uma emboscada numa capoeira. Percebida a ação, em razão dos ruídos produzidos pelos subversivos, foi montada uma contraemboscada, na qual morreram três terroristas: Antônio Carlos Monteiro Teixeira (Antônio), José Toledo de Oliveira (Victor) e José Francisco Chaves [na verdade Francisco Manoel Chaves] (Zé Francisco), além de possível ferimento de um ou dois terroristas."[29]

POSIÇÃO DO EXÉRCITO EM 1993 SOBRE ANTÔNIO CARLOS "Consta que teria morrido em combate na região de Xambioá/GO."[30] **SOBRE JOSÉ TOLEDO** "Participou da guerrilha do Araguaia."[31] **SOBRE FRANCISCO** "Não existem registros que comprovem esta versão [de que teria morrido quando atuava na Guerrilha do Araguaia]."[32]

VÍTIMA Idalísio Soares Aranha Filho.
POSIÇÃO DO EXÉRCITO EM 1988 "Nesse mês [de julho de 1972], no dia 13, num choque com as forças legais em Perdidos [Pará, região do Araguaia], foi morto o subversivo Idalísio Soares Aranha Filho (Aparício)."[33]
POSIÇÃO DO EXÉRCITO EM 1993 "Em Jul./73, encontrando-se foragido, foi processado e condenado à revelia, a pena de 2 anos de reclusão."[34]

VÍTIMA Kleber Lemos da Silva.
POSIÇÃO DO EXÉRCITO EM 1988 "No dia 26 [de junho de 1972], foi preso, após ser ferido no ombro, o subversivo Kleber Lemos da Silva (Carlito). Dispôs-se a indicar às

forças de segurança um depósito de suprimentos. No dia 29, chegou-se a um depósito desativado, onde, apesar de ferido, conseguiu fugir."[35]

[NOTA DO AUTOR Kleber desapareceu depois de preso.]

POSIÇÃO DO EXÉRCITO EM 1993 "Militante do PCdoB, participou da Guerrilha do Araguaia, sendo morto no dia 29 Jan. 72 em confronto com uma patrulha, sendo sepultado na selva, sem que se possa precisar o exato local."[36]

[NOTA DO AUTOR Ainda que as datas sejam contraditórias, os relatos mostram que o guerrilheiro foi morto depois de preso.]

VÍTIMA Maria Lúcia Petit da Silva.
POSIÇÃO DO EXÉRCITO EM 1988 "No dia 16 [de junho de 1972], esse destacamento [C da Guerrilha do Araguaia] sofreria outra baixa com a morte de Maria Lúcia Petit da Silva (Maria), em choque com as forças legais."[37]

[NOTA DO AUTOR Maria Lúcia foi morta em uma emboscada da força terrestre.]

POSIÇÃO DO EXÉRCITO EM 1993 "Militante do PCdoB, em 1970 deslocou-se para a região de Caianos [atual estado do Tocantins], no Araguaia, onde utilizava o codinome de 'Maria'."[38]

VÍTIMAS André Grabois, João Gualberto Calatrone, Divino Ferreira de Souza e Antônio Alfredo de Lima.
POSIÇÃO DO EXÉRCITO EM 1988 "Os subversivos tiveram no primeiro combate de encontro com as forças legais [na terceira campanha militar no Araguaia] sofrido quatro baixas e perdido três depósitos na área da

Transamazônica. Haviam morrido no enfrentamento com as 'forças da repressão': Jovino [na verdade Divino] Ferreira de Souza (Nunes), André Grabois (José Carlos), João Gualberto Calatronio [sic] (Zebão) — pertencentes ao Dst. A — e Antônio Alfredo Campos [na verdade Antônio Alfredo de Lima] (elemento de apoio na área)."[39]

[**NOTA DO AUTOR** André, João Gualberto e Antônio foram mortos em uma emboscada. Divino foi morto depois de preso.]

POSIÇÃO DO EXÉRCITO EM 1993 SOBRE ANDRÉ Não cita que integrou a Guerrilha do Araguaia e não cita sua morte.[40] **SOBRE JOÃO GUALBERTO** "Nada consta sobre o nominado."[41] **SOBRE DIVINO** Cita que integrou a Guerrilha do Araguaia, mas não cita sua morte.[42] **SOBRE ANTÔNIO ALFREDO** "Não possui registros."[43]

VÍTIMAS João Carlos Haas Sobrinho, Manoel José Nurchis e Ciro Flávio Salazar de Oliveira.

POSIÇÃO DO EXÉRCITO EM 1988 "Ainda nesse dia [29 de setembro de 1972], um grupo de terroristas aproximou-se de um casario. Um deles foi visto no momento que retrocedia, por um dos componentes de uma patrulha do 6º BC [Batalhão de Caça]. A patrulha empreendeu perseguição aos subversivos e no tiroteio travado acabou por matar três terroristas do grupo: Ciro Flávio Salazar de Oliveira (Flávio) e Manoel José Nurchis (Gil) do destacamento B [da Guerrilha do Araguaia] e João Carlos Haas Sobrinho (Juca), da Comissão Militar, tendo, possivelmente, ferido outros terroristas que se embrenharam na mata."[44]

POSIÇÃO DO EXÉRCITO EM 1993 SOBRE JOÃO CARLOS "Como militante do pcdob, participou ativamente da Guerrilha do Araguaia, onde teria desaparecido em 1972."[45] **SOBRE MANOEL** "Atuou na guerrilha do Araguaia."[46] **SOBRE CIRO** "Atuou como guerrilheiro no Araguaia, utilizando o codinome 'Gilberto', onde teria sido morto em Out./72."[47]

VÍTIMA Bergson Gurjão Farias.
POSIÇÃO DO EXÉRCITO EM 1988 "Em junho [de 1972], começando a rarear os suprimentos, os elementos subversivos [da Guerrilha do Araguaia] começaram a deixar a selva em busca de alimentos. No dia 4, houve um choque de um grupo subversivo com as forças legais na região do Caiano [atual estado do Tocantins]. Dele resultou ferido um tenente paraquedista, sendo morto Bergson Gurjão de Farias (Jorge)."[48]
[**NOTA DO AUTOR** Bergson foi morto depois de preso e torturado.]
POSIÇÃO DO EXÉRCITO EM 1993 Apenas faz referência a notícias de jornal que citam a morte do guerrilheiro.[49]

A divulgação do *Orvil* e as declarações feitas pelo ex-ministro do Exército Leônidas Pires Gonçalves confirmaram o que os familiares de mortos e desaparecidos políticos diziam já fazia duas décadas: após a redemocratização do país, por alguma razão que poderia parecer incongruente à primeira vista, pelo menos durante certo período, os militares esconderam documentos da ditadura. Fosse pela tradição de zelar pela documentação de sua história, fosse pela certeza de que as Forças Armadas agiram pelo bem do país ou fosse por qualquer outro motivo, o fato mais uma vez comprovado era que uma parcela importante do acervo da ditadura havia sido preservada. Os familiares reagiram rápido. Suzana Keniger Lisbôa, ex-membro da Comissão Especial sobre Mortos e Desaparecidos Políticos do Ministério da Justiça (CEMDP) e integrante da Comissão de Familiares de Mortos e Desaparecidos Políticos, defendeu que o Ministério Público intimasse militares que haviam participado da elaboração do *Orvil*, incluindo o general Leônidas Pires Gonçalves, e que eles fossem instados a explicar como havia sido o processo de produção do documento e como ele fora parar nas mãos de militares da reserva após sua publicação ter sido vetada por Sarney em 1988. "A história do país foi roubada por uns poucos", afirmou Suzana. "É importante que o Exército responda a algumas questões: onde estão os documentos que serviram de base para o livro? Quem colaborou na realização do livro? Quanto custou? Como foi parar nas mãos de terceiros?"[50]

Familiares de desaparecidos políticos citados no *Orvil* também se pronunciaram:

> Se esse livro [*Orvil*] traz novidades, informações novas às quais nunca tivemos acesso, por que não fomos informados? Por que não temos acesso a ele?[51] **SÔNIA HAAS, IRMÃ DE JOÃO CARLOS HAAS SOBRINHO**

> Na década de 1970, minha família fez contatos com o Exército para saber o que tinha acontecido com meu irmão, mas eles negaram ter qualquer informação.

Nunca tivemos uma posição oficial em relação à morte de meu irmão. O Exército escondeu durante todo esse tempo que tinha as informações que agora aparecem no livro [Orvil]. O Exército sabe onde estão os restos mortais do meu irmão.[52] **BALTAZAR OLIVEIRA, IRMÃO DE ANTÔNIO DOS TRÊS REIS DE OLIVEIRA**

Está claro que esse livro [Orvil] foi feito com base em documentos. Ninguém guarda de memória tantas informações. Esse livro foi produzido pelo serviço público, por ordem do serviço público, mas ficou com particulares, o que é um absurdo.[53] **CRIMÉIA ALICE SCHMIDT DE ALMEIDA, VIÚVA DE ANDRÉ GRABOIS**

O Exército tem de se manifestar. Onde eles pegaram as informações que estão no livro [Orvil]? Eles agora têm de abrir os documentos em que o livro se baseou.[54] **MARIDA TOLEDO DE OLIVEIRA, IRMÃ DE JOSÉ TOLEDO DE OLIVEIRA**

Não obtive uma versão da morte do meu irmão por parte do Exército. Nunca falaram nada. O governo Lula falou que ia liberar os arquivos, mas até agora nada.[55] **NELLA OLIVEIRA MENIN, IRMÃ DE FRANCISCO JOSÉ DE OLIVEIRA**

O Ministério Público Federal (MPF) também se envolveu. Uma comissão formada por quatro procuradores avaliou o conteúdo do *Orvil* e concluiu que o governo Sarney — e não apenas as Forças Armadas — de fato havia escondido documentos sigilosos da ditadura. "O governo brasileiro, nos anos de 1986 a 1988, data em que [o *Orvil*] foi escrito, tinha documentos sigilosos que negava formalmente possuir", segundo o relatório.[56] Os procuradores apontaram o dedo não apenas para o passado, mas também para o presente: "Verifica-se, portanto, que o *Orvil* coloca as autoridades militares da atualidade em delicada situação, pois revela o que continuam negando até mesmo às autoridades máximas do país, como no episódio do relatório ao Ministro da Justiça [produzido em 1993]".[57] De acordo com a comissão do MPF, naquele ano de 2008, a ocultação dos arquivos da ditadura ainda era uma realidade. "Os demais relatos feitos na terceira parte do *Orvil* também revelam que há informações consolidadas e organizadas nos arquivos públicos (militares) ou em poder de agentes que participaram das forças de repressão."[58] Em seu relatório, os procuradores recomendaram à Procuradoria Federal dos Direitos do Cidadão que notificasse as autoridades e servidores públicos que haviam participado do *Projeto Orvil* para que prestassem esclarecimentos sobre as fontes utilizadas na produção do documento. Na lista dos que deveriam ser chamados a se explicar estava o ex-ministro do Exército Leônidas Pires Gonçalves.

A Comissão de Direitos Humanos da Câmara dos Deputados também foi ágil. Solicitou ao Ministério da Defesa e à Casa Civil que determinassem nova busca por documentos da ditadura, "agora mais rigorosa".[59] A comissão ainda convidou o general Leônidas para depor sobre o *Orvil* em uma audiência pública.

Até mesmo dentro do governo houve quem reconhecesse que o *Orvil* sepultava de vez a versão da destruição generalizada e legal dos arquivos da ditadura. "Esse livro derruba mais uma vez a versão oficial de que não existem documentos. O que não pode é prevalecer uma posição de silêncio", afirmou o então ministro-chefe da Secretaria Especial de Direitos Humanos, Paulo Vannuchi. Ele chegou a dizer que os militares poderiam estar cometendo um delito. "As famílias têm direito ao funeral e, é bom lembrar, a ocultação de cadáver é um crime continuado."[60]

A pressão parece não ter abalado os militares. O general Leônidas mandou dizer à Comissão de Direitos Humanos da Câmara dos Deputados que não iria à audiência para a qual fora convidado.[61] Quem também evitou dar maiores explicações foi o general Zenildo Lucena, ministro do Exército do governo Itamar que, em 1993, enviara ao Ministério da Justiça o relatório com dados adulterados sobre mortos e desaparecidos. "Informamos aquilo que constava nos nossos arquivos e que me foi repassado pelo CIE", afirmou ele. Zenildo disse que na época confiou na exatidão dos dados prestados pelo serviço secreto do Exército. "Eu também não ia bisbilhotar, não digo bisbilhotar, mas compulsar esses relatórios antigos."[62]

Quietas estavam as Forças Armadas, quietas ficaram. O Exército passou ao largo de toda a discussão em torno do *Orvil*. Nenhum documento sigiloso da ditadura foi revelado e nenhuma explicação foi dada.

No governo, o tom indignado do ministro-chefe da Secretaria Especial de Direitos Humanos era uma exceção. Seus colegas das pastas da Defesa, Waldir Pires, e da Casa Civil, Dilma Rousseff, não se pronunciaram publicamente sobre o caso. No choque de posições dentro do governo, Pires e Dilma mostraram-se alinhados com o presidente da República. Lula também calou-se.

Havia tempos, a suposição de que os militares sonegavam documentos atravessara as fronteiras e chegara a um prédio de seis andares no número 1889 da rua "F", em Washington, nos Estados Unidos. Lá funciona a Comissão Interamericana de Direitos Humanos (CIDH) da Organização dos Estados Americanos (OEA). Em 2008, nos estertores de um procedimento relacionado às vítimas da Guerrilha do Araguaia que tramitava na comissão fazia treze anos, a CIDH divulgou um relatório com sérias críticas ao Brasil. Em seu parecer, a comissão afirmava que o Estado brasileiro restringia indevidamente o direito das famílias das vítimas ao acesso à informação sobre os combates. De acordo com a CIDH, nem mesmo o Poder Judiciário do Brasil fora capaz de garantir às famílias um direito mínimo: saber as circunstâncias de óbito de seus parentes e o paradeiro dos corpos.[63] A comissão recomendava ao Estado brasileiro que tomasse as medidas necessárias para abrir os arquivos das operações de combate à Guerrilha do Araguaia. Em duas pontas (Washington e Brasília), a pressão sobre o governo fechava um cerco.

Na capital federal, em 12 de março de 2009, depois de 27 anos de idas e vindas, foi definitivamente concluído o processo judicial patrocinado pelas famílias dos desaparecidos do Araguaia. Naquele dia, a 1ª Vara da Justiça Federal de Brasília determinou o cumprimento da sentença. A abertura dos arquivos da Guerrilha do Araguaia já não dependia da boa vontade das Forças Armadas ou da firmeza do governo. Era ordem judicial. Nada aconteceu, porém. Em uma postura desafiadora, o Exército simplesmente permaneceu inerte.

Na falta de uma explicação convincente para o silêncio dos militares diante de uma ordem judicial, restou ao governo Lula recorrer a mais um salamaleque: a criação de um grupo de trabalho encarregado de localizar, recolher e identificar os corpos de desaparecidos da guerrilha. Havia um porém: o Grupo de Trabalho Tocantins (GTT) ficaria sob a coordenação do Ministério da Defesa, e o Exército tomaria a frente dos trabalhos de campo. Em outras palavras, Lula colocava o Exército para procurar justamente aquilo que a força terrestre escondia e se negava a entregar havia mais de trinta anos. Não era difícil imaginar que o GTT não iria longe.

Um ano e meio após a criação do GTT, e sem que nada de novo tivesse ocorrido no front da abertura dos arquivos militares e da localização dos restos mortais dos guerrilheiros do Araguaia, o Brasil sofreu mais um revés no campo internacional. Após tramitar na Comissão Interamericana de Direitos Humanos, o caso da Guerrilha do Araguaia subiu para a Corte Interamericana de Direitos Humanos da OEA, baseada na Costa Rica, onde novamente o Brasil se viu reprovado por não abrir os arquivos secretos da ditadura. Em uma decisão rara e de repercussão internacional, a corte concluiu que o Estado brasileiro violava a Convenção Americana sobre Direitos Humanos, da qual era signatário. Entre os motivos para a condenação, a corte alegava que os familiares dos desaparecidos do Araguaia estavam sendo privados do "direito a buscar e a receber informação, bem como do direito de conhecer a verdade sobre o ocorrido". Em votação unânime, a corte determinou que o Estado brasileiro continuasse a promover esforços no sentido de buscar e de abrir não só os arquivos secretos das campanhas militares no Araguaia, mas todos os acervos da repressão ainda existentes.[64]

A pressão dos familiares das vítimas, da imprensa, do Ministério Público, do Judiciário e de organismos internacionais não abalou a resistência das Forças Armadas.

Oito meses antes da divulgação da decisão da Corte Interamericana de Direitos Humanos, as Forças Armadas tinham dado um notável sinal de poder dentro do governo. Os militares não estavam sós; a posição das Forças Armadas em relação aos arquivos encontrava respaldo no Executivo. Na época, Exército, Marinha e Aeronáutica haviam encaminhado ao ministro da Defesa, Nelson Jobim (sucessor de Waldir Pires), relatórios sobre investigações internas supostamente destinadas a "apurar irregularidades na destruição de documentos públicos do período de 1964-1990". Os relatórios militares nada diziam de novo. As Forças Armadas continuavam sustentando que os documentos da ditadura tinham sido eliminados em operações legais e rotineiras, porém em época desconhecida. O mesmo teria acontecido com os eventuais termos de destruição. A novidade do caso não era do campo militar, mas do civil. Em março de 2010, após receber os relatórios dos comandos militares, o ministro da Defesa — um civil — enviou uma carta confidencial sobre o tema à então ministra-chefe da Casa

Civil, Dilma Rousseff. Na carta, Jobim endossava a versão das Forças Armadas. "Os procedimentos de destruição de documentos conduzidos no âmbito das Forças Armadas", escreveu Nelson Jobim, "apresentam consonância com a legislação vigente à época, não se vislumbrando neles quaisquer irregularidades."[65] Na mensagem, o ministro de Defesa fazia um resumo da legislação sobre salvaguarda de documentos sigilosos vigente a partir de 1949 e, ao final, concluía: era perfeitamente legal a eliminação de documentos sigilosos sem que fosse feita a devida lavratura de termos de destruição, assim como era lícito extinguir os próprios termos de destruição. Ademais, segundo Jobim, os documentos sempre estiveram sujeitos a ter o grau de sigilo rebaixado ou até mesmo cancelado, o que faria deles material sem grande importância, excluindo-se assim a necessidade de lavrar os termos de destruição.[66]

A adesão de Jobim era importante para as Forças Armadas. O ministro da Defesa de Lula tinha grande influência tanto no meio político como no judicial. Fora deputado federal por oito anos, com passagem relevante pela Assembleia Nacional Constituinte de 1987-8, ministro da Justiça no governo FHC e presidente do Supremo Tribunal Federal. Possuía trânsito privilegiado em diversos partidos políticos, especialmente no PMDB, PSDB e PT. No governo, era um dos ministros mais respeitados pelo presidente Lula, o que amplificava sua voz (e seu poder) perante colegas de outras pastas.

Na carta enviada a Dilma Rousseff, Jobim não mentira, mas também não falara toda a verdade. A legislação amparava, sim, a eliminação de documentos sigilosos sem a lavratura de termos de destruição, mas isso fora possível apenas entre 1949 e 1967, ou seja, antes do período mais agudo da repressão — os combates contra a Guerrilha do Araguaia, por exemplo, só começariam em 1972. Ainda assim, a dispensa do termo de destruição era uma "exceção" à regra, como deixava claro o regulamento.[67]

Jobim também tinha razão quando dizia que, a qualquer tempo, os termos de destruição podiam ser eliminados. Difícil, porém, era explicar por que operações rotineiras tinham sido tão seletivas, já que era raro encontrar nos arquivos públicos algum registro importante, tanto em relação a documentos como a termos de destruição. Por fim, era fato, como sustentava Jobim, que os documentos sigilosos podiam ser reclassificados ou desclassificados, simplificando assim o processo de destruição. Mas faltou esclarecer que ambos, reclassificação e desclassificação, deixavam rastros, pois dependiam de ordens por escrito e, ao final do processo, geravam registros. Claro, essas ordens e esses registros também podiam ser destruídos, mas aí voltamos ao ponto de partida: se a legislação reforçava de forma tão nítida a opção pela preservação dos documentos sigilosos, se tanta energia fora gasta para planejar, classificar, registrar, proteger, guardar, se tantos recursos financeiros e humanos haviam sido consumidos nessas tarefas, por que então destruir tudo, ou quase tudo, em supostas ações de rotina, alegando apenas tratar-se de documentos velhos? Como justificar que registros importantes como os dos combates no Araguaia, que continham informações sobre mortes ocorridas nos dois lados do conflito, tivessem sido expurgados se dados irrelevantes da burocracia militar estavam preservados? Uma explicação possível para essa eliminação seletiva seria uma ação deliberada de destruição de provas. Mas, nesse caso, a conduta seria passível de questionamento nos campos administrativo e penal, ou seja, também mereceria uma explicação. Indiferente às contradições presentes na versão militar, Jobim se limitou a jogar luz nos pedaços da história que interessavam às Forças Armadas.

Ainda na carta enviada à ministra-chefe da Casa Civil, ao analisar o caso específico dos microfilmes, Jobim lembrou que a legislação que tratava do tema não estabelecia um prazo mínimo durante o qual os documentos miniaturizados deveriam ser mantidos nos arquivos.[68] O ministro alertou ainda para o fato de que a lei previa a possibilidade de eliminação dos microfilmes, bastando apenas a lavratura de termo de destruição, os quais, por sua vez, também podiam ser posteriormente exterminados. Disse Jobim:

> Esta lei [nº 5433, de 8 maio de 1968] autorizava a eliminação de documentos microfilmados, a critério da autoridade competente, mediante a lavratura de termo em livro próprio, mas não condicionava tal eliminação à manutenção em arquivo por prazo específico. Tampouco se disciplinavam os prazos pelos quais devam ser mantidos os respectivos registros de destruição.[69]

Por algum motivo, contudo, o ministro da Defesa evitou mencionar o artigo 2º da lei: "Os documentos de valor histórico não deverão ser eliminados, podendo ser arquivados em local diverso da repartição detentora dos mesmos".[70] Em uma carta de oito páginas, faltaram vinte palavras — um detalhe que revela muito sobre a arte de esconder.

Difundida pelas Forças Armadas, avalizada pelo ministro Nelson Jobim e aceita pelo presidente Lula, a versão de que os arquivos da ditadura teriam sido destruídos legalmente, em operações corriqueiras, acabava esbarrando na realidade. A tese era desmentida até pelos próprios documentos em poder das Forças Armadas.

Um caso concreto: em 30 de dezembro de 1969, a Secretaria Geral do Conselho de Segurança Nacional fez um balanço de seus arquivos. Foi então gerado o *Inventário nº 03/60*, que registrava 55 documentos sigilosos (subcategoria "controlado"). De acordo com o próprio inventário, todos os documentos arrolados tinham mais de um exemplar a circular pelos órgãos militares (os ofícios nº 35 EME/DSC e nº 37M/1 EME/DSC, por exemplo, possuíam 202 exemplares cada). Somando todas as cópias, o total de documentos chegava a 2215.[71] Vem então a pergunta: como explicar que o inventário (um registro que trazia apenas códigos e nenhuma informação factual da repressão) tenha sido poupado, enquanto haviam sido destruídos os 55 documentos e mais de 2 mil cópias a que fazia referência? Só fazia sentido se o objetivo fosse destruir provas.

O acervo preservado da SG/CSN, ainda que fosse constituído de material meramente burocrático, demolia a versão das Forças Armadas para a destruição corriqueira dos arquivos. Havia outros. Quando Jobim escreveu a Dilma defendendo a legalidade da posição dos militares, as gavetas do Estado-Maior das Forças Armadas ainda guardavam um protocolo de documentos sigilosos. Era um material alentado: 34.111 fichas com referências sucintas a papéis do período 1968-90.[72] As fichas do EMFA demonstravam de forma evidente que a eliminação de documentos secretos não era apenas documentada à exaustão; havia quase uma compulsão em registrar cada passo. Processos específicos chegaram a compreender até seis estágios:

1 Um militar solicitava autorização para destruição de um documento;[73]
2 O pedido era submetido a um parecer;[74]
3 Com o parecer positivo, era expedida a autorização para a destruição;[75]
4 Com base na autorização obtida, fazia-se então um pedido efetivo de destruição;[76]
5 Após a eliminação do documento, era lavrado um termo de destruição;[77]
6 Dependendo do caso, eram feitos outros registros do expurgo.[78]

As fichas do EMFA indicavam que, em relação aos procedimentos burocráticos, as Forças Armadas frequentemente seguiam as normas, como, aliás, é da tradição militar brasileira. A praxe, portanto, era registrar o processo de destruição do início ao fim, e depois difundir internamente o termo de destruição. Sendo assim, as Forças Armadas não tinham saída: ou apresentavam registros de destruição dos acervos sigilosos, ou assumiam que os arquivos tinham sido eliminados sem o cumprimento dos requisitos legais, o que poderia sugerir a intenção deliberada de destruir provas.

Em janeiro de 2011, ao final de dois mandatos, Lula cedeu a cadeira presidencial a Dilma Rousseff. No campo dos arquivos sigilosos, dentre os vários atos que deixou de fazer, um ficaria marcado: Lula saiu do Planalto sem ter revogado o tão criticado decreto de FHC que criara a figura do sigilo eterno para documentos ultrassecretos. O decreto só seria revogado por sua sucessora.[79]

A ascensão de Dilma despertou novamente nos familiares de desaparecidos políticos a esperança de que enfim conseguiriam avançar na luta pela localização dos restos mortais de seus parentes. Afinal, a nova presidente também era uma vítima da ditadura.

Militante de esquerda desde os dezesseis anos de idade, Dilma seria seduzida pelas ideias radicais do filósofo francês Régis Debray, que, nos anos 1960 e 1970, com seu incendiário livro *A revolução na revolução*, levou milhares de jovens de todo o mundo a optar pelas armas. Recém-saída da adolescência, Dilma passou por duas organizações da luta armada — Colina e VAR-Palmares —, exercendo postos de liderança. Discutia de igual para igual com o ex-capitão do Exército Carlos Lamarca, o lendário comandante da VPR. Em 1969, aos 21 anos de idade, Dilma participou, na fase de planejamento, de um dos maiores feitos da esquerda armada: o roubo do cofre do ex-governador de São Paulo Adhemar de Barros, o inspirador do lema "rouba mas faz". O cofre ficava na casa da amante do ex-governador, Anna

Gimel Benchimol Capriglione, no bairro Santa Teresa, no Rio de Janeiro. Após dominarem funcionários e moradores da casa, treze guerrilheiros levaram o cofre, de duzentos quilos, sem disparar um único tiro. Na época, o butim rendeu à guerrilha urbana 2,5 milhões de dólares (16,2 milhões de dólares em valores corrigidos).[80]

Presa em São Paulo em 1970, Dilma foi levada para a temível Oban e torturada durante 22 dias com choques elétricos, pau de arara, socos e palmatória. Após ser condenada pela Justiça Militar, em um processo no qual fora chamada de *Joana d'Arc da subversão*, passou quase três anos na cadeia. Quando foi libertada, estava dez quilos mais magra.

A esperança de que, eleita presidente, Dilma enquadraria as Forças Armadas foi rapidamente substituída pelo desapontamento. Ao formar seu ministério, Dilma manteve Nelson Jobim no comando da pasta da Defesa, um sinal inequívoco de que não havia grande disposição em obrigar as Forças Armadas a abrir os arquivos da ditadura ou a explicar de maneira convincente sua ausência. Afinal, no segundo mandato de Lula, Jobim tinha feito prevalecer dentro do governo, inclusive perante Dilma, na época ministra-chefe da Casa Civil, a versão dos militares para a suposta destruição generalizada, legal e corriqueira dos arquivos da repressão.

Sete meses após a posse de Dilma, veio a confirmação de que a presidente manteria o pacto, inaugurado por Sarney em 1985, de não questionar com maior firmeza a posição das Forças Armadas quanto aos arquivos da ditadura. O episódio teve início com uma carta enviada pela Comissão de Familiares de Mortos e Desaparecidos Políticos ao novo ministro da Justiça, José Eduardo Cardozo, em agosto de 2011. Na carta, os familiares retomavam um caso antigo: os relatórios sobre mortos e desaparecidos políticos produzidos dezoito anos antes pelo Exército, pela Marinha e pela Aeronáutica a pedido do ministro da Justiça de Itamar Franco, Maurício Corrêa. Os familiares partiam de uma premissa inquestionável: se em 1993 as Forças Armadas tinham sido capazes de elaborar relatos individuais sobre vítimas da ditadura, citando fatos ocorridos vinte anos antes, pelo menos até aquela primeira data os militares mantiveram arquivos da repressão. Diante do fato, os familiares pediam três providências ao ministro da Justiça de Dilma: que ele instaurasse um procedimento de busca dos arquivos utilizados para a confecção dos relatórios militares de 1993; que fossem identificados, localizados e ouvidos os militares responsáveis pela elaboração e pela difusão daqueles relatórios; e que por último fossem consultados os ministros militares da época e também seus sucessores para saber os nomes dos oficiais que, a partir de 1993, teriam ficado responsáveis por esses acervos.[81] Nenhum dos pedidos foi atendido. Segundo os familiares, o ministro José Eduardo Cardozo simplesmente ignorou a mensagem.[82]

Em uma quarta-feira de maio de 2012, em uma cerimônia no Palácio do Planalto que contou com a presença de quatro ex-presidentes da República, fato incomum na história do Brasil, Dilma Rousseff instalou a Comissão Nacional da Verdade.[83] A tarefa da CNV era da maior importância: investigar as graves violações de direitos humanos praticadas por agentes do Estado entre 1945 e 1988, com foco especial no período da ditadura civil-militar de 1964-85. Era uma nova lufada de esperança para os que lutavam pela abertura dos arquivos secretos das Forças Armadas. Na cerimônia de instalação da comissão, a presidente afirmou: "A força pode esconder a verdade, a tirania pode impedi-la de circular livremente, o medo pode adiá-la, mas o tempo acaba por trazer a luz. Hoje, esse tempo chegou".[84]

No Brasil, os tempos de tirania e de força de fato já tinham terminado. Mas, tanto no meio militar como no civil, o medo em relação à verdade não havia passado por completo. E o tempo, mesmo tendo decorrido 27 anos do fim da ditadura, parecia não ser suficiente ainda. Os arquivos da repressão continuariam fechados.

Se é fato que a Comissão Nacional da Verdade nasceu da aspiração e da pressão de movimentos da sociedade, é certo também que a criação da CNV — um órgão autônomo — foi uma fórmula encontrada pelo Executivo para passar adiante uma obrigação que era sua. Em 2009, quando a 1ª Vara da Justiça Federal de Brasília tentava em vão fazer cumprir a sentença que determinava a abertura dos arquivos da ditadura, Lula, já no final de seu segundo mandato, enviou ao Congresso o projeto de lei que criava a CNV. Como observou uma importante referência sobre o tema no Brasil, o procurador da República Marlon Alberto Weichert, foram duas as consequências da opção de Lula pelo projeto de lei, que requeria uma longa maturação, em detrimento de um decreto presidencial, que teria imediata efetivação: a CNV ganharia em autoridade, por ter o aval do Congresso, mas o acerto de contas com o passado sofria novo atraso. Weichert chamou a atenção para o fato de que muitos países da América Latina que também haviam passado por ditaduras escolheram o caminho mais rápido, ou seja, criaram suas comissões da verdade por meio de atos do Poder Executivo. Foi o que aconteceu com a Argentina, o Uruguai, o Chile, o Panamá, o Peru, El Salvador e a Guatemala.[85] No Brasil, o projeto de lei que instituía a CNV se arrastaria durante dois anos no Congresso, sendo finalmente aprovado em novembro de 2011, já no governo Dilma.[86] O Brasil estava atrasado em relação aos vizinhos da América Latina. Dos países da região que passaram por ditaduras, o primeiro a criar sua comissão nacional da verdade fora a Bolívia, em 1982. O último, antes do Brasil, fora a Colômbia, em 2005.[87]

Pela lei, a CNV não tinha caráter persecutório, ou seja, não visava (e nem poderia) levar ninguém às barras da Justiça. A principal tarefa da comissão era produzir um relato pormenorizado das graves violações dos direitos humanos. Isso envolvia contar a história das vítimas e dos algozes, implicava expor à luz do sol a política de perseguição, tortura, extermínio e ocultação de cadáveres que vigorara no Estado brasileiro durante a ditadura. Para isso, a comissão precisava de dados, informações, documentos, acesso aos arquivos secretos da repressão.

Como alertou à CNV o diretor do Programa Verdade e Memória do International Center for Transitional Justice, Eduardo Gonzalez-Cueva, o Estado brasileiro ainda preservava um aparato burocrático que ocultava informações. "A Comissão Nacional da Verdade é uma das respostas contra o silêncio", afirmou ele. Silêncio que, segundo Gonzalez-Cueva, era um dos motores da impunidade no Brasil.[88]

Quando a CNV foi empossada, já havia caducado o sigilo de papéis e microfilmes produzidos no período da ditadura. Pela nova lei de salvaguarda de documentos sigilosos assinada por Dilma, que acabou com a figura do sigilo eterno, o prazo máximo de restrição de acesso era de 25 anos, válido para registros classificados como ultrassecretos.[89] Assim, em uma hipótese extrema, um dossiê ultrassecreto produzido no último dia da ditadura já estaria formalmente liberado havia mais de dois anos.

Se de um lado já não havia o que justificasse, do ponto de vista legal, a ocultação de documentos pelas Forças Armadas, de outro, os militares tinham a obrigação de fornecer as informações solicitadas pela Comissão Nacional da Verdade. A lei que criou a CNV era categórica: quando fosse requisitado o "auxílio de entidades e órgãos públicos", era "dever dos servidores públicos e dos militares colaborar com a Comissão Nacional da Verdade".[90]

Desde o primeiro instante, porém, as Forças Armadas não se mostraram dispostas a acatar as regras. Muito pelo contrário. Na época em que a Comissão Nacional da Verdade iniciou seus trabalhos, a direção do serviço secreto do Exército achou por bem fazer uma inusitada homenagem pública ao órgão. Uma faixa com os dizeres: "Parabéns ao CIE pelos 45 anos de bons serviços prestados ao Brasil" foi colocada na entrada da sede do Centro de Inteligência do Exército (ex-Centro de Informações do Exército), em Brasília, no Setor Militar Urbano. A faixa ficava no jardim, à vista de quem passava pela rua.

O tributo era no mínimo indevido, especialmente naquele momento. Um dos principais arquivos que a Comissão Nacional da Verdade tentava obter, sem sucesso, era justamente o do CIE, um dos órgãos envolvidos no maior número de casos fatais da repressão. Apenas na *Operação Marajoara*, terceira e última campanha militar no Araguaia, o CIE participou do planejamento e da execução de ações que resultaram em pelo menos 49 casos de desaparecimento de guerrilheiros.[91] A história do serviço secreto do Exército era uma sucessão de barbaridades: atentados a bomba em escolas, teatros e representações estrangeiras (um por mês, em média, entre julho de 1968 e abril de 1970), 22 execuções de presos políticos na Casa da Morte, em Petrópolis (início dos anos 1970), atentado na sede da OAB do Rio (1980), explosões em bancas de jornal (1980), o atentado do Riocentro (1981) etc. Por um período relativamente longo, o serviço secreto do Exército fora uma ameaça ao próprio Estado ditatorial. Em outubro de 1977, quando o presidente Ernesto Geisel tentou impor limites à matança patrocinada pela ala dos duros, demitindo o ministro do Exército, Sylvio Frota, agentes do CIE planejaram dar um golpe de Estado. Sem acesso ao depósito de armas, que estava trancado por ser feriado, os agentes do centro fabricaram mais de trezentos coquetéis molotov com os quais pretendiam atacar o Palácio do Planalto. Só não levaram a ideia adiante porque foram dissuadidos pelo próprio ministro demitido.

O CIE transformara-se numa máquina de destruição. Era o *método martelo-pilão*, como definia o homem que organizou o órgão em 1967, o coronel Adyr Fiúza de Castro: "Evidentemente o método mata a mosca, pulveriza a mosca, esmigalha a mosca, quando às vezes apenas com um abano é possível matar aquela mosca ou espantá-la. E nós empregamos um martelo-pilão".[92]

Em 2012, quase três décadas após o fim da ditadura, ao negar acesso aos acervos do CIE e permitir que o mesmo centro se vangloriasse publicamente de seu tenebroso passado, o Exército revelava o que os estudiosos chamam de "resíduos de autoritarismo".[93] Em uma democracia, caberia uma providência por parte do Poder Civil. Era improvável que a Presidência da República ignorasse o acontecido. O Palácio do Planalto fica a dez quilômetros da sede do serviço secreto do Exército (de carro, são treze minutos). Contudo, se alguma autoridade da Presidência tomou conhecimento da faixa em homenagem ao CIE, preferiu calar-se. Nada aconteceu.

Ou melhor: aconteceu, sim. O chefe do Centro de Inteligência do Exército na época que a faixa foi colocada, general Edson Leal Pujol, permaneceu no cargo até março de 2013, quando foi substituído em uma cerimônia com direito a tapete vermelho e a inauguração de seu retrato na galeria de ex-chefes do CIE. Estiveram presentes o comandante do Exército, general Enzo Martins Peri, e os generais do Alto-Comando.[94] A carreira de Pujol seguiu em ritmo ascendente. Após deixar o CIE, ele foi nomeado comandante da Força de Paz da Organização das Nações Unidas (ONU) no Haiti e, na sequência, secretário-executivo do Gabinete de Segurança Institucional (GSI). Neste último cargo, passou a trabalhar no Palácio do Planalto, a poucos metros do gabinete da presidente Dilma.

Não se pode dizer que a CNV não tenha buscado os arquivos da ditadura. Um mês após iniciar seus trabalhos, a comissão enviou um ofício ao Ministério da Defesa questionando a versão da inexistência de acervos militares em razão de supostas operações legais e rotineiras de destruição de documentos. Quem assinava a carta era o gaúcho Gilson Dipp, escolhido entre os sete comissários como o primeiro coordenador da comissão.[95] Na arguição ao Ministério da Defesa, Dipp levou a discussão para o campo jurídico, área que conhecia bem (Dipp era vice-presidente do Superior Tribunal de Justiça, ex-coordenador geral do Conselho da Justiça Federal, ex-corregedor do Conselho Nacional de Justiça e ex-presidente da Comissão da Reforma do Código Penal). Em sua carta, como é costume nos tribunais, Dipp pediu licença em latim para discordar da posição do Ministério da Defesa. Mas foi direto ao ponto: era insustentável a posição assumida, na gestão do ministro Nelson Jobim, de concordância com a versão das Forças Armadas sobre a suposta eliminação generalizada, legal e rotineira de arquivos e de termos de destruição. "Tal conclusão [de que não houvera irregularidades] não se coaduna com o normativo [...], *data venia*", escreveu Dipp.[96] Segundo ele, a legislação era explícita: na maioria absoluta dos casos, a eliminação de documentos exigia a lavratura e a difusão de termos de destruição. Diante das contradições presentes na posição do Ministério da Defesa, a Comissão Nacional da Verdade, por intermédio de Dipp, requereu à pasta uma série de informações. A principal delas: os nomes dos responsáveis pela guarda de documentos sigilosos das Forças Armadas no período de 1964 a 1990. A CNV solicitou ainda que o Ministério da Defesa informasse quais os documentos da repressão ainda eram mantidos nos arquivos do Exército, da Marinha e da Aeronáutica.[97]

Quando a carta de Dipp foi enviada, Jobim não era mais ministro da Defesa. Fora substituído por Celso Amorim, diplomata de carreira com pós-graduação na Academia Diplomática de Viena, na Áustria — saía o método senta a pua de Jobim e entrava o estilo punhos de renda, típico do Itamaraty. Dias antes de receber o ofício da CNV, Amorim estivera reunido com os membros da comissão. À saída, ele falou com a imprensa e tentou passar a imagem de que as relações entre o Ministério da Defesa e a Comissão Nacional da Verdade seriam as melhores possíveis. "Fui convidado e essa foi uma boa ocasião para reiterar a disposição do Ministério da Defesa em colaborar com a comissão", disse o ministro. "Vamos facilitar todas as informações que nos forem pedidas e que possam ajudar os trabalhos da comissão", prometeu ele. Amorim classificou o trabalho da CNV como "o último capítulo da história da abertura democrática no Brasil". Porém, quando questionado sobre um ponto específico, se seriam abertos ou não os arquivos dos antigos serviços secretos militares, Amorim respondeu no velho estilo diplomático: não disse sim, mas também não disse não. Preferiu sair pela tangente. "Não falamos sobre isso [a abertura dos arquivos do CIE, Cisa e Cenimar]. Falamos em termos gerais. Tudo estará aberto", disse ele, sem explicar o que eram os tais "termos gerais" e, principalmente, o que ele entendia por "tudo".[98]

Tão logo recebeu o ofício do comissário Gilson Dipp com os pedidos de informação da CNV, Amorim acionou os comandos militares. As respostas que recebeu eram uma repetição do que as Forças Armadas vinham falando havia duas décadas. Um parágrafo do ofício do Exército, assinado pelo comandante da força, general Enzo Martins Peri, resumia a postura irredutível dos militares:

> Atualmente, não há no acervo do Exército Brasileiro documentos produzidos relativos ao período citado [1964-90]. Tal situação deve-se, principalmente, à norma reguladora prevista no decreto nº 79099, de 6 de janeiro de 1977, que à época permitia a destruição de documentos sigilosos, bem como os eventuais termos de destruição, pela autoridade que os elaborou ou pela autoridade que detivesse a sua custódia.[99]

Quando o assunto eram os arquivos secretos da ditadura, os militares em nada tinham mudado em 27 anos de redemocratização. Sob o governo Dilma, as Forças Armadas agiam como nos tempos de Sarney. E o Poder Civil, por sua vez, permanecia indiferente.

Celso Amorim recebeu as inconclusas respostas dos comandos militares e, ato contínuo, repassou-as à CNV, acompanhadas de um ofício curto.[100] Não endossou a versão das Forças Armadas, como fizera seu antecessor, Nelson Jobim. Mas tampouco a questionou.

Leonel Rocha, repórter baiano radicado em Brasília, é um grande especialista em assuntos militares. Poucos jornalistas do país têm tantas fontes (e tão boas) como ele nas Forças Armadas e no pessoal da reserva. Em um encontro com uma dessas fontes, em 2011, Leonel recebeu uma caixa de papelão do tamanho de um livro pequeno. "Não sei o que tem aí, mas acho que lhe interessa", disse a fonte antes de partir.[101]

Naquele dia, mais uma vez caía por terra a versão das Forças Armadas para a destruição generalizada, legal e rotineira dos arquivos da ditadura.

Dentro da caixa que Leonel recebera havia 2775 microfilmes do acervo do serviço secreto da Marinha. Os documentos miniaturizados estavam acondicionados em 61 cartelas de acetato próprias para esse tipo de material. Quatro décadas após terem sido produzidos, os microfilmes estavam em perfeito estado de conservação. Eram 2775 páginas de documentos classificados como reservados, confidenciais, secretos e ultrassecretos produzidos no início da década de 1970 não só pelo Cenimar, mas por outros órgãos do aparato de repressão e informações do regime militar (CIE, Cisa, DOI/Codi, SNI etc.). Os documentos registravam uma infinidade de assuntos, entre eles treze operações dos órgãos de segurança e inteligência (*Operação Milico*, *Operação Código*, *Operação Registro*, *Operação Asterix*, *Operação Urubu*, *Operação Supermercado*, *Operação Netuno*, *Operação Master*, *Operação Segurança*, *Projeto Altin*, *Operação Terrorismo Postal*, *Operação Bipartite* e *Operação Miguel Morone*).[102] Eram citados 61 militares, de cabos a oficiais-generais, de burocratas a agentes da repressão, passando por um ministro de Estado e um ditador.[103] Uma pasta denominada "Secretinho" continha um cadastro dos espiões infiltrados em organizações de esquerda com reproduções de carteiras de identidade e recibos de pagamento. Outro dossiê mostrava que, no governo Médici, o próprio ministro da Marinha, almirante Adalberto de Barros Nunes, fora vigiado pelo Cenimar. O material incluía relatos de agentes do serviço secreto da força naval que confirmavam a prática de tortura pelos órgãos de repressão. Havia ainda documentos que comprovavam que a Agência Central de Inteligência dos Estados Unidos, a CIA, atuara no Brasil antes e depois do golpe de 1964. Os códigos secretos utilizados por agentes do Cenimar também faziam parte do acervo.[104] Com eles, seria possível, por exemplo, decodificar mensagens cifradas como:

> Vidro Azul. Rins Manteiga Flório Raposa Toyota Fanta Uva Fanta Laranja Gaze Pessegada Chanel. Cômoda Ovos Mexidos Cama Biscoito Cadeira Lombo Barba Sobrancelha Cadillac Dauphine Plymouth. Audição Conhaque. Peroba Calça Camisa. (Mensagem de emergência. Agente do Cenimar/RJ infiltrado na ALN informou que guerrilheiros do Movimento Revolucionário Tiradentes, MRT, e do PCdoB estão indo para São Paulo em janeiro. Quatro sargentos, dois tenentes e um capitão da Marinha estão vigiando armados com fuzis, revólveres e granadas. Prender e interrogar. Avisar o chefe do SNI e o presidente da República.)

Os microfilmes também guardavam a própria história da preservação dos arquivos da ditadura. Todos os procedimentos do serviço secreto da Marinha relativos à migração de seu acervo em papel para microfilme estavam registrados no material dado a Leonel. Inclusive com os detalhados relatórios das duas operações de miniaturização do arquivo do Cenimar levadas a cabo no início da década de 1970.[105]

Ainda em 2011, Leonel publicou uma série de reportagens sobre os microfilmes na revista *Época*, na qual trabalhava.[106] Retratado em três edições da revista, o material, por ser muito vasto, estava longe ainda de estar esgotado. Assim, dois anos depois, em um gesto de generosidade, Leonel Rocha colocou os microfilmes à disposição da Comissão Nacional da Verdade.

A partir daquele momento, a CNV passou a ter munição para questionar com vigor redobrado a posição das Forças Armadas quanto à suposta inexistência dos arquivos da ditadura. O primeiro passo da comissão foi nomear um grupo para avaliar a autenticidade e o valor histórico dos microfilmes, formado por três dos historiadores mais reputados do país: José Murilo de Carvalho, membro da Academia Brasileira de Letras (ABL) e professor emérito da UFRJ; Daniel Aarão Reis Filho, professor da Universidade Federal Fluminense (UFF); e Ângela Maria de Castro Gomes, professora da UFF e pesquisadora do Centro de Pesquisa e Documentação de História Contemporânea do Brasil, ligado à Fundação Getulio Vargas (CPDOC/FGV). Os historiadores avaliaram que eram "fortíssimos os indícios de autenticidade" do material.[107] (Mais tarde, o setor de microrreprodução da Biblioteca Nacional também analisaria os microfilmes e atestaria tratar-se de material "muito utilizado na década de 1970".)[108] Os historiadores convocados pela CNV classificaram o conjunto como de "máxima importância", pois atestava a "microfilmagem sistemática" de documentos dos acervos da ditadura, inclusive com o envio de cópias de segurança para Brasília. Sobre a informação contida nos microfilmes de que, apenas entre 1972 e 1973, o Cenimar miniaturizara 1 213 230 páginas de documentos, os historiadores foram categóricos: não havia mais como sustentar a versão da destruição generalizada e legal dos documentos da ditadura. "A documentação examinada constitui evidência cabal da existência de um vasto acervo documental inédito, até agora desconhecido em sua quase totalidade, de extrema importância, não só para a Comissão Nacional da Verdade, como de valor histórico inestimável para a sociedade brasileira", afirmaram os professores em seu parecer.[109] Com o aval dos pareceristas, os microfilmes foram então destrinchados por duas equipes de pesquisadores a serviço da CNV: a *equipe ninja* e o *Projeto República*.

A equipe ninja fora montada pela CNV com o objetivo de tentar localizar acervos sigilosos da ditadura que porventura ainda estivessem em poder de órgãos do Estado ou em mãos de particulares. Uma segunda missão do grupo era colher depoimentos de antigos agentes da repressão para obter deles provas de violações dos direitos humanos ocorridas no regime militar. Três jornalistas com fontes nas áreas militar e de inteligência compunham a equipe (Eumano Silva, Hugo Studart e este autor). Como as tarefas eram sensíveis, o grupo deveria agir com máxima discrição durante os trabalhos, daí o apelido.

O Projeto República, por sua vez, é o núcleo de pesquisa vinculado ao Departamento de História da Faculdade de Filosofia e Ciências Humanas (FAFICH) da Universidade Federal de Minas Gerais (UFMG). Uma de suas especialidades, reconhecida dentro e fora da academia, é justamente o regime militar.

A parceria entre a equipe ninja e o Projeto República era uma experiência inédita no campo das investigações relacionadas à ditadura. Com metodologias e objetivos distintos, jornalistas e historiadores até então não costumavam trabalhar juntos. Dessa vez, porém, seriam complementares. O que a equipe ninja conseguisse obter no trabalho de campo seria então esquadrinhado pelo Projeto República com seu rigor acadêmico e sua expertise do tema. Em seguida, o resultado auferido pelo Projeto República no processamento das informações seria devolvido à equipe ninja a fim de subsidiar a busca por novos documentos e a coleta de mais depoimentos.

Um dos vários trabalhos conjuntos da equipe ninja e do Projeto República foi a análise dos microfilmes cedidos por Leonel Rocha. Já se sabia, por intermédio das reportagens de Leonel, que os documentos revelavam que Exército, Marinha e Aeronáutica haviam produzido um enorme volume de documentos que registravam graves violações de direitos humanos na ditadura. A pesquisa da equipe ninja e do Projeto República mostrou um dado novo: as Forças Armadas ocultaram do poder civil uma boa parte desse material.

Os microfilmes apontavam que, em 1993, quando prestou contas sobre as vítimas fatais da ditadura ao Ministério da Justiça, a força naval omitira ter conhecimento de que onze adversários do regime estavam mortos, informação que constava em seus arquivos. Em 1972, a Marinha possuía em seu acervo de microfilmes, na seção de "prontuários de pessoas mortas", dados sobre Antônio Carlos Monteiro Teixeira, Antônio dos Três Reis de Oliveira, Ciro Flávio Salazar de Oliveira, Ezequias Bezerra da Rocha, Félix Escobar, Helenira Resende de Souza Nazareth, Izis Dias de Oliveira,

Joel Vasconcelos Santos, José Gomes Teixeira, Kleber Lemos da Silva e Rubens Paiva. Em 1993, porém, as mesmas "pessoas mortas" foram mencionadas pela Marinha como foragidas, desaparecidas, em local ignorado etc. Nenhuma delas figurava como falecida.[110]

Era mais uma prova de que, em 1993, as Forças Armadas haviam contado bem menos do que sabiam.

A informação era grave, e a Comissão Nacional da Verdade resolveu levá-la à presidente Dilma Rousseff. Foi então agendada uma audiência no Palácio do Planalto, para o dia 14 de maio de 2013, uma terça-feira, às três da tarde.[111] Aquele, contudo, foi um dia atribulado para Dilma. Pela manhã, ela se reuniu com o ministro da Fazenda, Guido Mantega, e o compromisso durou mais tempo que o previsto, provocando um atraso em cascata no restante de sua agenda. À tarde, Dilma acabou embarcando para Porto Alegre sem se reunir com os comissários da CNV.

A viagem durou poucas horas. Na madrugada do dia seguinte, o avião presidencial pousava de volta na base aérea de Brasília. Naquela quarta-feira, como de costume, Dilma teve mais uma agenda apertada, que previa encontros privados com quatro ministros.[112] Mas, no final da tarde, ela encontrou tempo para receber a Comissão Nacional da Verdade numa reunião fora da agenda presidencial.[113] Na audiência, os comissários anteciparam para a presidente um levantamento com os resultados dos primeiros doze meses de trabalho da CNV, que seria apresentado ao público na semana seguinte.[114] Dentre as informações às quais Dilma teve acesso em primeira mão estava a pesquisa com os microfilmes do Cenimar.[115]

Os comissários pediram à presidente que fossem esclarecidas as divergências entre os relatórios produzidos pela Marinha em 1972 e 1993, que evidenciavam a ocultação de documentos sigilosos.[116] A CNV também solicitou que fossem enviados ao Arquivo Nacional os documentos da ditadura — em qualquer suporte (papel, microfilme, meio eletrônico etc.) — que ainda estivessem em poder do Exército, da Marinha e da Aeronáutica. No caso da força naval, o pedido compreendia todo o material citado nos microfilmes: 290 rolos de microfilme contendo a reprodução de 1213230 páginas de documentos, 35 mil prontuários, 4334 expedientes, 3342 pedidos de busca, 68 mil fichas do Arquivo Biográfico, 52 documentos do Arquivo Remissório, documentos não incinerados após microfilmagem e transferidos em 1972 para o Centro de Armazenamento de Dados, além de fotografias, slides, cadastro de informantes, entre outros.[117]

A demanda da Comissão Nacional da Verdade apresentada a Dilma foi então encaminhada à ministra-chefe da Casa Civil, Gleisi Hoffmann. No dia seguinte, Gleisi repassou a solicitação da CNV ao ministro da Defesa, Celso Amorim. No mesmo dia, Amorim remeteu o pedido aos comandos militares com uma ordem: Exército, Marinha e Aeronáutica deveriam fazer uma nova varredura em seus arquivos em busca de documentos do interesse da Comissão Nacional da Verdade.[118] Com uma agilidade digna de nota, o Exército respondeu no mesmo dia. Segundo o comandante da força terrestre, as buscas determinadas por Amorim haviam sido realizadas, mas resultaram em nada. "Foram encetadas novas diligências que confirmam a inexistência de documentos, inclusive microfilmados", escreveu o general Enzo Martins Peri.[119]

A Marinha e a Aeronáutica também foram ágeis ao responder. No dia seguinte, 17 de maio, mandaram ofícios ao ministro da Defesa. Sem novidades. O comandante da Marinha, almirante Júlio Soares de Moura Neto, afirmou: "Não existem microfilmes, slides, fotografias e fotogramas nos arquivos daquela Organização Militar [Centro de Inteligência da Marinha, ex-Cenimar]. A inexistência dessas mídias decorre de sua destruição, em época desconhecida".[120]

Para justificar a ausência de microfilmes nos arquivos da Marinha, o almirante citou a lei nº 5433/68, que, segundo ele, autorizava "a eliminação de microfilmes, a critério da autoridade competente".[121] O comandante nada disse sobre o artigo 2º da mesma lei, que determina que os "os documentos de valor histórico não deverão ser eliminados".

Era difícil de acreditar que, em operações de limpeza de arquivo legais e rotineiras, a Marinha tivesse destruído todos os microfilmes produzidos em 1972 e 1973. O material, que reproduzia 1 213 230 páginas de documentos, caberia facilmente em oito caixas de sapato. Depois de todo o investimento feito, que sentido fazia destruir um pedaço da história da Marinha e do próprio país para liberar um espaço tão exíguo? Só haveria lógica na operação se o plano fosse impedir que esses documentos um dia viessem à tona — em outras palavras, ocultação de provas.

Em seu relatório, o almirante afirmou ainda que as classificações de sigilo de "muitos documentos" haviam sido anuladas, o que teria permitido que fossem "destruídos sem maiores formalidades".[122] No caso dos documentos cujas classificações de sigilo não tinham sido revistas, o comandante da Marinha alegava que haviam sido eliminados com a devida lavratura dos termos de destruição. Mas, segundo ele, os termos de destruição também tinham sido posteriormente expurgados.[123]

Na resposta encaminhada ao ministro da Defesa, a Aeronáutica também se escorou na versão da destruição generalizada de documentos da ditadura. Mas com um enredo diferente. De acordo com o comandante da força aérea, brigadeiro Juniti Saito, na virada de 1995 para 1996, "todo o acervo documental" da Aeronáutica referente à "conjuntura política" no regime militar fora transferido, dentro das normas legais, para o Aeroporto Santos-Dumont, no Rio de Janeiro. Dois anos depois, ainda segundo o brigadeiro, um incêndio ocorrido de madrugada no aeroporto, devido a uma "variação na tensão da rede elétrica", destruiu os arquivos.[124] O comandante da Aeronáutica nada comentou sobre possíveis cópias de segurança dos documentos perdidos no incêndio. Tampouco fez menção ao fato de que, na época da remoção do acervo para o Aeroporto Santos-Dumont, a legislação determinava que operações desse tipo fossem acompanhadas da produção de um inventário atualizado dos documentos e da lavratura de um termo de transferência em três vias.[125] A relação dos documentos perdidos no incêndio não foi apresentada.

Os relatórios do Exército, da Marinha e da Aeronáutica foram aceitos pelo ministro da Defesa sem questionamentos. Celso Amorim foi rápido (muito rápido). Um dia após receber o relatório do Exército e no mesmo dia em que recebeu os da Marinha e da Aeronáutica, o ministro da

Defesa despachou a papelada para a Casa Civil.[126] Era uma sexta-feira. A ministra-chefe da Casa Civil, por sua vez, também não contestou o conteúdo das versões produzidas a jato pelas três forças, nem questionou a agilidade do Ministério da Defesa. Ao contrário: Gleisi Hoffmann atuou da mesma forma que seus colegas. Já na segunda-feira, dia 20, ela repassou os relatórios militares à CNV.[127]

Ou seja, em apenas quatro dias (descontado o final de semana, quando nada aconteceu), o assunto passou pela presidente da República, foi e voltou dos gabinetes de dois ministros de Estado e circulou pelas mãos dos três comandantes militares, que, por sua vez, ainda dentro do período, teriam feito novas buscas por documentos. Recapitulando: a CNV solicitou informações diretamente à presidente (16 de maio); o pedido transitou pelos ministros da Casa Civil e da Defesa (16 de maio), foi repassado aos comandantes do Exército, da Marinha e da Aeronáutica com ordens expressas de realizar novas varreduras nos arquivos (16 de maio), retornou com respostas ao ministro da Defesa (16 e 17 de maio), que as remeteu à Casa Civil (17 de maio), de onde finalmente voltaram à CNV (20 de maio) sem um único papel, microfilme ou informação sobre episódios da ditadura.

Ainda que os relatórios dos comandos militares espelhassem a insistente resistência das Forças Armadas em abrir os documentos da ditadura ou a explicar de forma mais detalhada a ausência de arquivos, um deles trazia uma novidade perturbadora. No material da Marinha enviado à Comissão Nacional da Verdade, havia um anexo com registros individuais referentes a mortos e desaparecidos políticos. Segundo o comandante da força naval, o anexo apenas repetiria os dados transmitidos ao Ministério da Justiça em 1993.[128] Acontece, porém, que muitas das informações fornecidas em 2013 eram diferentes das apresentadas vinte anos antes. Ora a força naval suprimia dados, ora adicionava, ora alterava. "A resposta da Marinha foi claramente insatisfatória", afirma João Paulo Cavalcanti Filho, comissário da CNV na época.[129]

Diante das divergências entre os relatórios de 1993 e 2013, a CNV pediu esclarecimentos ao Ministério da Defesa. O almirante Julio Soares de Moura Neto foi então acionado e, doze dias depois, enviou um novo ofício "com registros de informações adicionais".[130] Em vez de dirimir as dúvidas, contudo, a força naval só fez aumentar a confusão. Em alguns poucos casos, o novo relatório retomava o texto de 1993, mas na maioria absoluta das vezes repetia as divergências. Abaixo, um resumo do desencontro de informações:

> **MUDANÇAS DE GRAFIA** Cotejando os dois relatórios de 2013 (17 e 29 de maio) com o de 1993, era possível perceber que, em sete casos, a grafia dos nomes era diferente.[131] Um exemplo: o nome de Antônio Raymundo de Lucena fora escrito de forma errada no material de 1993. Já os dois relatórios de 2013 traziam a grafia errada acompanhada da correta (respectivamente, "Antônio Raimundo Lucena" e "Antônio Raymundo de Lucena");
> **ALTERAÇÃO DE DADOS** No caso de Ezequias Bezerra Rocha, a versão apresentada pela Marinha em 1993 citava

um documento com data de 1978. Já nos dois relatórios produzidos pela força naval em 2013, o mesmo documento aparecia com a data alterada para 1973;

ADIÇÃO DE INFORMAÇÕES Nos relatos dos casos de Rubens Paiva e Jeová Assis Gomes, o terceiro relatório da Marinha, de 2013, continha referências a fatos posteriores a 1993, quando a força naval elaborara o primeiro relatório;

SUPRESSÃO DE DADOS Em quatro casos (Aylton Adalberto Mortati, Bernardino Saraiva, Carlos Lamarca e Ezequias Bezerra da Rocha), notícias de jornal mencionadas em 1993 foram omitidas em 2013;

SUPRESSÃO DE NOMES Na lista de 2013, havia 170 nomes a menos que na lista de 1993. Ficaram de fora vítimas de casos célebres, como o jornalista Vladimir Herzog, o operário Manoel Fiel Filho, a secretária da OAB Lyda Monteiro da Silva e o guerrilheiro Oswaldo Orlando da Costa (o *Oswaldão*, da Guerrilha do Araguaia).

As diferenças de grafias de nomes e a alteração e o acréscimo de dados eram indícios de que a Marinha não só preservara seu banco de dados sobre mortos e desaparecidos políticos como também o mantinha atualizado. Veja no Apêndice desta edição o quadro comparativo completo com as inconsistências detectadas nos diferentes relatórios da Marinha detalhadas caso a caso.

As divergências entre os relatórios da força naval de 1993 e os de 2013 ficaram sem explicação.

E assim terminava, no governo Dilma Rousseff, a busca pelos arquivos secretos da ditadura. Tudo muito rápido e com explicações incompletas e contraditórias por parte dos militares. E, por parte das autoridades civis, também com bastante pressa. E grande passividade.

No período em que funcionou, a Comissão Nacional da Verdade fez 53 pedidos de informações ao Ministério da Defesa e aos comandos militares. Das respostas que recebeu, segundo a própria CNV, pouco se aproveitou.[132] Em seu relatório final, os comissários deixaram registrada a falta de colaboração por parte do Exército, da Marinha e da Aeronáutica na prestação de informações e na cessão de documentos de seus antigos serviços secretos:

> As lacunas dessa história de execuções, tortura e ocultação de cadáveres de opositores políticos à ditadura militar poderiam ser melhor elucidadas hoje caso as Forças Armadas tivessem disponibilizado à CNV os acervos do CIE, Cisa e Cenimar, produzidos durante a ditadura, e se, igualmente, tivessem sido prestadas todas as informações requeridas [...]. As autoridades militares optaram por manter o padrão de resposta negativa ou insuficiente vigente há cinquenta anos, impedindo assim que sejam conhecidas circunstâncias e autores de graves violações de direitos humanos ocorridas durante a ditadura militar.[133]

A CNV não mencionou em seu relatório final a responsabilidade do poder civil na ocultação dos arquivos secretos da ditadura.

No relatório, a comissão contou sobre as torturas sofridas por Dilma Rousseff quando era prisioneira das forças de repressão no regime militar. Não fez, porém, nenhuma referência ao fato de que, em 2013, quando Dilma era presidente da República e comandante em chefe das Forças Armadas, a Marinha apresentou à CNV dados sobre mortos e desaparecidos políticos divergentes daqueles contidos em documentos de 1993 da própria força naval — um indício de que os militares não só preservaram seu banco de dados sobre as vítimas fatais da ditadura como o mantinham atualizado.

Também ficou de fora do relatório final da CNV a pesquisa dos microfilmes do Cenimar, que mostrava que a Marinha ocultara deliberadamente informações ao Estado brasileiro em 1993 e que apresentara, em 2013, versões divergentes sobre mortos e desaparecidos. Apenas resultados parciais da investigação, referentes à ocultação de dados ocorrida em 1993, foram tornados públicos durante a cerimônia de balanço de um ano da CNV.[134] Na ocasião, cópias de alguns poucos microfilmes foram exibidas em um telão e, mesmo tratando-se de resultados parciais, os dados ganhariam grande destaque na imprensa.[135] Ainda na cerimônia, na entrevista coletiva, questionada se a CNV cogitava pedir mandados de busca para obter documentos como os do Cenimar, a comissária Rosa Cardoso afirmou:

> Cogitamos de todos os meios legais. Não podemos... não devemos antecipar quais são esses meios. Mas cogitamos de todos os meios, compreendendo que nós fomos inclusive investidos de poderes e que há expectativa da sociedade brasileira de que nós usemos esses

poderes. Que nós os estudemos muito bem, [que] os conheçamos e [que] usemos esses poderes. E nós vamos fazer isso.[136]

O silêncio da CNV em relação aos microfilmes do Cenimar chegou a ser questionado pelo grupo de historiadores que, a pedido da própria comissão, havia analisado o material. Em carta enviada ao então coordenador da CNV, José Carlos Dias, em outubro de 2013, os historiadores José Murilo de Carvalho, Daniel Aarão Reis Filho e Ângela Maria de Castro Gomes afirmaram:

> Passados já cinco meses [do envio do parecer sobre os microfilmes], não vimos nem ouvimos em qualquer das várias manifestações públicas de membros da CNV qualquer referência à documentação e a sua relevância. Fiéis à convicção da grande importância do acervo documental examinado para o melhor conhecimento de um lamentável período de nossa história, conhecimento que é, aliás, a razão de ser da CNV, e preocupados, como historiadores e cidadãos, com o destino que será dado ao material, tomamos a liberdade de lhe solicitar informações sobre o que pensa a Comissão a respeito da documentação e, caso a julgue pertinente para seu trabalho, quais as medidas que tem em vista.[137]

A Comissão Nacional da Verdade não respondeu aos historiadores. Também nunca divulgou o resultado final da pesquisa dos microfilmes do Cenimar. Fato que posteriormente motivou um novo protesto de Daniel Aarão Reis Filho:

Os documentos eram realmente inéditos e importantes. Não há nada parecido, nem no Arquivo Nacional, nem em lugar nenhum. Lamentável, e inexplicável, a comissão não os ter considerado [em seu relatório final]. As explicações continuam sendo devidas à sociedade brasileira.[138]

Dois meses e meio após o fim dos trabalhos da Comissão Nacional da Verdade, a *Folha de S.Paulo* noticiou que a CNV havia desprezado a pesquisa da equipe ninja e do Projeto República. Segundo o autor da reportagem, Lucas Ferraz, ex-integrantes da comissão não souberam explicar por que a documentação inédita não fora incluída no relatório final. "Não sei dizer se comemos mosca, o que é péssimo, ou se foi uma decisão política, o que não acredito ter acontecido", afirmou Maria Rita Kehl. Pedro Dallari, último coordenador da comissão, disse à reportagem que desconhecia a documentação.[139]

Em um regime democrático, uma coisa são as Forças Armadas se recusarem a dar explicações verossímeis sobre o destino dos arquivos da repressão. Outra coisa é o poder civil aceitar tal atitude. A primeira postura é grave; a segunda, gravíssima.

Desde o fim da ditadura, Exército, Marinha e Aeronáutica sustentam a frágil versão de que seus acervos sigilosos foram legalmente eliminados, em operações de rotina, sem que tivessem sido feitos os devidos termos de destruição. Ou que, em outros casos, os termos de destruição chegaram a ser feitos, mas acabaram também sendo posteriormente expurgados, tudo de forma absolutamente regular e corriqueira. Não sobrou nada de coisa nenhuma, vêm repetindo os militares há três décadas, sob o silêncio complacente de todos os presidentes civis do período. Sarney, Collor, Itamar, Fernando Henrique, Lula e Dilma nunca questionaram com vigor as Forças Armadas pelo sumiço dos arquivos secretos. Requisições foram feitas, por certo, mas de forma burocrática, sem grandes apertos, o que foi entendido pelos militares como um sinal de que poderiam seguir sustentando uma posição indefensável.[140]

Nas últimas três décadas, a hipótese da destruição total, legal e rotineira dos acervos foi seguidamente desmentida até mesmo por documentos oficiais das Forças Armadas. O episódio mais recente são os relatórios produzidos pela Marinha, a pedido da CNV, em 2013. Anunciados pelo comandante da força naval como mera reprodução de um balanço feito pela Marinha em 1993, os relatórios continham divergências em relação ao primeiro dossiê. Uma evidência de que os acervos eram atualizados.

A versão da eliminação total dentro da lei também é enfraquecida pela ausência absoluta de termos de destruição. Restaria então a possibilidade do expurgo fora dos padrões regulares, sem os devidos registros, uma conduta que sugere destruição de provas.

Hoje, não resta mais dúvida de que, apesar de muitos documentos terem sido de fato eliminados, uma parcela importante dos arquivos da repressão foi preservada após o fim da ditadura, tanto por órgãos militares como por oficiais da reserva. Por sua importância, torno a destacar a declaração que me foi feita pelo general Leônidas Pires Gonçalves em 2007, dezessete anos após deixar o cargo de ministro do Exército do primeiro governo da redemocratização: "[Os documentos] Foram queimados coisa nenhuma".[141] Mas por que os militares organizaram, guardaram e conservaram provas contra si mesmos? Por que não as destruíram? A resposta não é simples.

A doutrina militar brasileira está aferrada a alguns princípios; três deles nos ajudam a entender por que acervos da repressão foram mantidos. O primeiro é o legalismo. Na ditadura, medidas de exceção, por mais radicais que fossem, sempre vieram acompanhadas de um verniz legalista — um ato institucional, um decreto (mesmo que sigiloso), uma lei etc. Nove dias após tirarem o presidente João Goulart da cadeira presidencial, em 1964, por exemplo, as Forças Armadas se sentiram na obrigação de legitimar o gesto, baixando o Ato Institucional nº 1, que do ponto de vista oficial dava ao golpe de estado a chancela de "autêntica revolução". A partir de dezembro de 1968, a caçada e a eliminação de adversários foram justificadas pelo AI-5, e assim por diante. Outro princípio sagrado nos quartéis é a crença de que, uma vez estabelecidos, os regulamentos militares devem ser cumpridos de forma cega. Por fim, vem a obsessão pela documentação de procedimentos, uma herança lusitana. Esses três princípios se materializam nos arquivos da repressão. Foi por meio de documentos sigilosos que medidas de exceção foram justificadas e ordens, mesmo as mais duras, foram protocolarmente alinhadas a regulamentos militares. Absolutamente tudo que era feito em nome da "autêntica revolução" tinha um porquê, obedecia a uma ordem superior oficial, seguia uma diretriz. Por isso, documentar também significava provar que as normas eram seguidas à risca.

Por esse raciocínio, a destruição completa e escancaradamente ilícita dos documentos da repressão talvez tivesse sido entendida pelos militares como uma confissão de culpa. Seria o mesmo que reconhecer para o público externo e sobretudo para o interno — ou seja, os próprios militares — que por mais de duas décadas as Forças Armadas do Brasil agiram ao arrepio da lei. Mais honroso, portanto, seria preservar os arquivos (ou parte deles), tomando o cuidado de mantê-los longe do público, da imprensa, do Ministério Público e da Justiça. Dessa forma, seria possível continuar alegando que, na ditadura, as Forças Armadas apenas cumpriram a lei, combatendo o inimigo que ameaçava a ordem no país. E que, no pós-ditadura, não passam de revanchismo as tentativas de abrir os arquivos militares, seja com o intuito de esclarecer fatos nebulosos do regime, seja para colher subsídios que amparem a busca por justiça nos tribunais. Esse é o discurso de muitos oficiais que estiveram em postos-chaves tanto na época da repressão, como o coronel Carlos Alberto Brilhante Ustra, ex-chefe do DOI/Codi de São Paulo, quanto na redemocratização, como o general Leônidas.

Ocultar arquivos da repressão em vez de destruí-los equivaleria a legitimar a "guerra". E com o efeito simbólico adicional de estendê-la no tempo, evitando ou pelo menos retardando um acerto de contas final com a história.

Os militares nunca deram respostas detalhadas sobre o destino dos arquivos da ditadura. E os presidentes civis —

também comandantes em chefe das Forças Armadas, não é demais lembrar — jamais fizeram nada a respeito.

É preciso dizer: as graves violações dos direitos humanos cometidas na ditadura foram (e seguem sendo) ocultadas graças a um pacto entre militares e civis. Um pacto desenhado no final do regime militar e amadurecido em tempos de democracia.

O acordo silencioso subverte a própria lógica da democracia, ao permitir que o poder militar negue subordinação ao poder civil. E também ao aceitar que o poder civil, por sua vez, seja incapaz de enquadrar o poder militar.

Em diversos processos judiciais que visam a incriminar agentes da repressão, o Ministério Público Federal tem defendido que o acesso aos documentos da ditadura é garantido pela Constituição de 1988 em seu artigo 5º, inciso XXXIII:[142]

> Todos têm direito a receber dos órgãos públicos informações de seu interesse particular, ou de interesse coletivo ou geral, que serão prestadas no prazo da lei, sob pena de responsabilidade, ressalvadas aquelas cujo sigilo seja imprescindível à segurança da sociedade e do Estado.

A exceção de sigilo prevista no texto constitucional não se aplica mais. Já caducaram todos os carimbos de reservado, confidencial, secreto e ultrassecreto estampados em documentos do período 1964-85. De acordo com a legislação em vigor, o último prazo de sigilo para documentos da ditadura, válido para os ultrassecretos, venceu em 2010.

A historiadora Mariana Joffily, que se dedica a estudar o tema dos arquivos da ditadura, chama a atenção para o paradoxo que o Brasil vive hoje. Comparado a seus vizinhos latino-americanos, o país detém o maior acervo público do período da repressão política. Em 2009, apenas o Arquivo Nacional contabilizava 11468676 páginas de documentos produzidos na ditadura. Em 2005, eram 493898. O aumento sem dúvida foi expressivo (2222%). Mas o número esconde (ou revela) uma fraude: ainda que o material trazido à luz tenha crescido substancialmente, ele não conta histórias de sequestro, tortura, assassinato e, sobretudo, ocultação de cadáveres. Treze acervos poderiam fazê-lo: os dos serviços secretos militares (CIE, Cisa e Cenimar) e os das dez unidades dos DOI/Codi. Exatamente aqueles que nunca apareceram.[143]

A cumplicidade de militares e civis na ocultação dos arquivos secretos da ditadura é um entrave para a conclusão do processo de redemocratização. Em 1985, o Brasil deixou para trás a ditadura. Três décadas depois, ainda não alcançou a plena democracia. Entre um e outro regime, o país está em algum lugar. Ou em lugar nenhum. Como os papéis e microfilmes da repressão. Como os desaparecidos políticos.

APÊNDICE
POSIÇÃO DA MARINHA SOBRE MORTOS E DESAPARECIDOS POLÍTICOS

VÍTIMA[a]	1993[b]	17/05/2013[c]	29/05/2013[d]
Abelardo Rausch de Alcântara	Citado	Não é citado	Não é citado
Aderval Alves Coqueiro	Citado	Sem alteração	Sem alteração
Adriano Fonseca Filho	Citado	Não é citado	Não é citado
Alberi Vieira dos Santos (agente do CIE infiltrado na VPR)	Citado	Não é citado	Não é citado
Alceri Maria Gomes da Silva	Citado	Sem alteração	Sem alteração
Aldo de Sá Brito Souza Neto	Citado	Sem alteração	Sem alteração
Alex de Paula Xavier Pereira	Citado	Sem alteração	Sem alteração

Alexander José Ibsen Voerões	Citado com a grafia *Alexandre*	Citado com duas versões de grafia: *Alexandre* e *Alexander*	Citado com duas versões de grafia: *Alexandre* e *Alexander*
Alexandre Vannucchi Leme	Citado	Não é citado	Não é citado
Almir Custódio de Lima	Citado	Não é citado	Não é citado
Amaro Luiz de Carvalho	Citado	Não é citado	Não é citado
Ana Maria Nacinovic Corrêa	Citado com a grafia *Nacinovich*	Citado com grafia alterada: *Nacinonovich*	Citado com grafia alterada: *Nacinonovich*
Ana Rosa Kucinski	Citado	Não é citado	Não é citado
Anatália de Souza Melo Alves	Citado	Não é citado	Não é citado
André Grabois	Citado	Não é citado	Não é citado
Ângelo Arroyo	Citado	Não é citado	Não é citado
Ângelo Pezzuti	Citado	Não é citado	Não é citado
Antônio Benetazzo	Citado	Sem alteração	Sem alteração
Antônio Carlos Bicalho Lana	Citado	Não é citado	Não é citado
Antônio Carlos Monteiro Teixeira	Citado	Sem alteração	Sem alteração
Antônio Carlos Nogueira Cabral	Citado	Sem alteração	Sem alteração

Antônio Carlos Silveira Alves	Citado	Não é citado	Não é citado
Antônio de Pádua Costa	Citado	Não é citado	Não é citado
Antônio dos Três Reis de Oliveira	Citado	Sem alteração	Sem alteração
Antonio Guilherme Ribeiro Ribas	Citado	Não é citado	Não é citado
Antônio Henrique Pereira Neto	Citado	Sem alteração	Sem alteração
Antônio Joaquim de Souza Machado	Citado	Não é citado	Não é citado
Antônio Marcos Pinto de Oliveira	Citado	Sem alteração	Sem alteração
Antônio Raymundo de Lucena	Citado com a grafia *Antônio Raimundo Lucena*	Citado com duas versões de grafia: *Antônio Raimundo Lucena* e *Antônio Raymundo de Lucena*	Citado com duas versões de grafia: *Antônio Raimundo Lucena* e *Antônio Raymundo de Lucena*
Antônio Sérgio de Mattos	Citado	Sem alteração	Sem alteração
Antônio Teodoro de Castro	Citado	Não é citado	Não é citado
Ari da Rocha Miranda	Citado	Sem alteração	Sem alteração

Arildo Valadão	Citado	Não é citado	Não é citado
Armando Teixeira Fructuoso	Citado	Não é citado	Não é citado
Arnaldo Cardoso Rocha	Citado	Não é citado	Não é citado
Arno Preis	Citado	Sem alteração	Sem alteração
Ary Abreu Lima da Rosa	Citado	Não é citado	Citado sem alteração em relação a 1993
Aurea Eliza Pereira	Citado	Não é citado	Não é citado
Aylton Adalberto Mortati	Citado	Citado. Suprime referência à notícia de jornal	Citado. Suprime referência à notícia de jornal
Bergson Gurjão Farias	Citado	Sem alteração	Sem alteração
Bernardino Saraiva	Citado	Citado. Suprime referência à notícia de jornal	Citado. Suprime referência à notícia de jornal
Caiupy Alves de Castro	Citado	Não é citado	Não é citado
Carlos Alberto Soares de Freitas	Citado	Não é citado	Não é citado
Carlos Eduardo Pires Fleury	Citado	Sem alteração	Sem alteração

Carlos Lamarca	Citado	Citado. Suprime referência à notícia de jornal	Citado. Suprime referência à notícia de jornal
Carlos Marighella	Citado	Sem alteração	Sem alteração
Carlos Nicolau Danielli	Citado	Não é citado	Não é citado
Carlos Roberto Zanirato	Citado	Sem alteração	Sem alteração
Célio Augusto Guedes	Citado	Sem alteração	Sem alteração
Celso Gilberto de Oliveira	Citado	Não é citado	Não é citado
Chael Charles Schreier	Citado	Sem alteração	Sem alteração
Cilon Cunha Brum	Citado	Não é citado	Não é citado
Ciro Flávio Salazar de Oliveira	Citado com a grafia *Salazar*	Citado com duas versões de grafia: *Salasar* e *Salazar*	Citado com duas versões de grafia: *Salasar* e *Salazar*
Custódio Saraiva Neto	Citado	Não é citado	Não é citado
Daniel José de Carvalho	Citado	Não é citado	Não é citado
Daniel Ribeiro Callado	Citado	Não é citado	Não é citado

David Capistrano da Costa	Citado	Não é citado	Não é citado
David de Souza Meira	Citado	Não é citado	Não é citado
Dermeval da Silva Pereira	Citado	Não é citado	Não é citado
Devanir José de Carvalho	Citado	Sem alteração	Sem alteração
Dimas Antônio Casemiro	Citado	Sem alteração	Sem alteração
Dinaelza Santana Coqueiro	Citado	Não é citado	Não é citado
Dinalva Conceição Oliveira Teixeira	Citado	Não é citado	Não é citado
Divino Ferreira de Souza	Citado	Não é citado	Não é citado
Dorival Ferreira	Citado	Sem alteração	Sem alteração
Edgar de Aquino Duarte	Citado	Não é citado	Não é citado
Edmur Péricles Camargo	Citado	Não é citado	Não é citado
Edson Luiz Lima Souto	Citado	Sem alteração	Sem alteração
Edson Neves Quaresma	Citado	Sem alteração	Sem alteração
Edu Barreto Leite	Citado	Não é citado	Não é citado

Eduardo Antônio da Fonseca	Citado	Sem alteração	Sem alteração
Eduardo Collen Leite	Citado	Sem alteração	Sem alteração
Eduardo Collier Filho	Citado	Não é citado	Não é citado
Eiraldo de Palha Freire	Citado com a grafia *Eiraldo*	Citado com duas versões de grafia: *Eiraldo* e *Eraldo*	Citado com duas versões de grafia: *Eiraldo* e *Eraldo*
Elmo Corrêa	Citado	Não é citado	Não é citado
Elson Costa	Citado	Não é citado	Não é citado
Emmanuel Bezerra dos Santos	Citado	Não é citado	Não é citado
Eremias Delizoicov	Citado	Sem alteração	Sem alteração
Eudaldo Gomes da Silva	Citado	Não é citado	Não é citado
Evaldo Luiz Ferreira de Souza	Citado	Não é citado	Não é citado
Ezequias Bezerra da Rocha	Citado com referência a documento de 1978	Altera a data do documento anteriormente mencionado (de 1978 para 1973). Suprime referência à notícia de jornal	Altera a data do documento mencionado de 1978 para 1973). Suprime referência à notícia de jornal

Felix Escobar	Citado	Sem alteração	Sem alteração
Fernando Augusto da Fonseca	Citado	Não é citado	Não é citado
Fernando Augusto de Santa Cruz Oliveira	Citado	Não é citado	Não é citado
Fernando Borges de Paula Ferreira	Citado	Sem alteração	Sem alteração
Flávio Carvalho Molina	Citado	Sem alteração	Sem alteração
Francisco Emanuel Penteado	Citado	Não é citado	Não é citado
Francisco José de Oliveira	Citado	Sem alteração	Sem alteração
Francisco Seiko Okama	Citado	Não é citado	Não é citado
Frederico Eduardo Mayr	Citado	Sem alteração	Sem alteração
Gastone Lúcia de Carvalho Beltrão	Citado com a grafia *Gastone Beltrão*	Citado com duas versões de grafia: *Gastone Beltrão* e *Gastone Lúcia Carvalho Beltrão*	Citado com duas versões de grafia: *Gastone Beltrão* e *Gastone Lúcia Carvalho Beltrão*
Gelson Reicher	Citado	Sem alteração	Sem alteração
Gerson Theodoro de Oliveira	Citado	Sem alteração	Sem alteração

Getúlio de Oliveira Cabral	Citado	Não é citado	Não é citado
Gilberto Olímpio Maria	Citado	Não é citado	Não é citado
Gildo Macedo Lacerda	Citado	Não é citado	Não é citado
Guilherme Gomes Lund	Citado	Não é citado	Não é citado
Hamilton Fernando Cunha	Citado	Sem alteração	Sem alteração
Helber José Gomes Goulart	Citado	Não é citado	Não é citado
Hélcio Pereira Fortes	Citado	Sem alteração	Sem alteração
Helenira Resende de Souza Nazareth	Citado	Sem alteração	Sem alteração
Heleny Ferreira Telles Guariba	Citado	Não é citado	Não é citado
Hélio Luiz Navarro de Magalhães	Citado	Não é citado	Não é citado
Henrique Cintra Ferreira de Ornellas	Citado	Não é citado	Não é citado
Hiran de Lima Pereira	Citado	Não é citado	Não é citado
Hiroaki Torigoe	Citado	Sem alteração	Sem alteração
Honestino Monteiro Guimarães	Citado	Não é citado	Não é citado

Iara Iavelberg	Citado	Não é citado	Citado sem alteração em relação a 1993
Idalísio Soares Aranha Filho	Citado	Sem alteração	Sem alteração
Ieda Santos Delgado	Citado	Não é citado	Não é citado
Issami Nakamura Okano	Citado	Não é citado	Não é citado
Itair José Veloso	Citado	Não é citado	Não é citado
Iuri Xavier Pereira	Citado	Não é citado	Citado sem alteração em relação a 1993
Izis Dias de Oliveira	Citado	Sem alteração	Sem alteração
Jaime Petit da Silva	Citado	Não é citado	Não é citado
Jana Moroni Barroso	Citado	Não é citado	Não é citado
Jarbas Pereira Marques	Citado	Não é citado	Não é citado
Jayme Amorim de Miranda	Citado	Não é citado	Não é citado
Jeová Assis Gomes	Citado	Não é citado	Citado. Inclui referência a fato ocorrido em setembro de 2002
João Alfredo Dias	Citado	Não é citado	Não é citado

João Batista Franco Drumond	Citado	Não é citado	Não é citado
João Batista Rita	Citado	Não é citado	Não é citado
João Bosco Penido Burnier	Citado	Não é citado	Não é citado
João Carlos Cavalcanti Reis	Citado	Não é citado	Não é citado
João Carlos Haas Sobrinho	Citado	Sem alteração	Sem alteração
João Domingos da Silva	Citado	Sem alteração	Sem alteração
João Lucas Alves	Citado	Sem alteração	Sem alteração
João Massena Melo	Citado	Não é citado	Não é citado
João Mendes Araújo	Citado	Sem alteração	Sem alteração
João Roberto Borges de Souza	Citado	Não é citado	Não é citado
Joaquim Alencar de Seixas	Citado	Sem alteração	Sem alteração
Joaquim Câmara Ferreira	Citado	Sem alteração	Sem alteração
Joaquim Pires Cerveira	Citado	Não é citado	Não é citado
Joel José de Carvalho	Citado	Não é citado	Não é citado
Joel Vasconcelos Santos	Citado	Sem alteração	Sem alteração

Joelson Crispim	Citado	Sem alteração	Sem alteração
Jonas José de Albuquerque Barros	Citado	Não é citado	Não é citado
Jorge Alberto Basso	Citado	Não é citado	Não é citado
Jorge Aprígio de Paula	Citado	Não é citado	Não é citado
Jorge Oscar Adur	Citado	Não é citado	Não é citado
José Bartolomeu Rodrigues de Souza	Citado	Não é citado	Não é citado
José Campos Barreto	Citado	Sem alteração	Sem alteração
José Carlos Novaes da Mata Machado	Citado	Não é citado	Não é citado
José de Souza	Citado	Não é citado	Não é citado
José Ferreira de Almeida	Citado	Não é citado	Não é citado
José Gomes Teixeira	Citado	Sem alteração	Sem alteração
José Huberto Bronca	Citado	Não é citado	Não é citado
José Idésio Brianezi	Citado	Não é citado	Citado sem alteração em relação a 1993
José Júlio de Araújo	Citado	Sem alteração	Sem alteração

José Lima Piauhy Dourado	Citado	Não é citado	Não é citado
José Manoel da Silva	Citado	Não é citado	Não é citado
José Maria Ferreira de Araújo	Citado pelo codinome *Edson Cabral Sardinha*	Sem alteração	Sem alteração
José Maurílio Patrício	Citado	Não é citado	Não é citado
José Maximino de Andrade Netto	Citado	Não é citado	Não é citado
José Milton Barbosa	Citado	Sem alteração	Sem alteração
José Montenegro de Lima	Citado	Não é citado	Não é citado
José Porfírio de Souza	Citado	Não é citado	Não é citado
José Raimundo da Costa	Citado	Sem alteração	Sem alteração
José Roberto Arantes de Almeida	Citado	Sem alteração	Sem alteração
José Roberto Spiegner	Citado	Sem alteração	Sem alteração
José Roman	Citado	Não é citado	Não é citado
José Silton Pinheiro	Citado	Não é citado	Não é citado

José Toledo de Oliveira	Citado	Não é citado	Não é citado
José Wilson Lessa Sabbag	Citado	Sem alteração	Sem alteração
Juares Guimarães de Brito	Citado	Sem alteração	Sem alteração
Kleber Lemos da Silva	Citado	Sem alteração	Sem alteração
Lauriberto José Reyes	Citado	Sem alteração	Sem alteração
Lígia Maria Salgado Nóbrega	Citado	Sem alteração	Sem alteração
Lincoln Bicalho Roque	Citado	Não é citado	Não é citado
Lincoln Cordeiro Oest	Citado	Não é citado	Não é citado
Lucia Maria de Souza	Citado	Não é citado	Não é citado
Lucio Petit da Silva	Citado	Não é citado	Não é citado
Luís Alberto Andrade de Sá e Benevides	Citado	Sem alteração	Sem alteração
Luisa Augusta Garlippe	Citado	Não é citado	Não é citado
Luiz Afonso Miranda da Costa Rodrigues	Citado	Sem alteração	Sem alteração
Luiz Almeida Araújo	Citado	Sem alteração	Sem alteração

Luiz Antônio Santa Bárbara	Citado	Sem alteração	Sem alteração
Luiz Eduardo da Rocha Merlino	Citado	Sem alteração	Sem alteração
Luiz Eurico Tejera Lisbôa	Citado	Não é citado	Não é citado
Luiz Fogaça Balboni	Citado	Não é citado	Citado sem alteração em relação a 1993
Luiz Ghilardini	Citado	Não é citado	Não é citado
Luiz Hirata	Citado	Não é citado	Não é citado
Luiz Ignácio Maranhão Filho	Citado	Não é citado	Não é citado
Luiz José da Cunha	Citado	Não é citado	Não é citado
Luiz Paulo da Cruz Nunes	Citado	Não é citado	Não é citado
Luiz Renato do Lago Faria	Citado	Não é citado	Não é citado
Luiz René Silveira e Silva	Citado	Não é citado	Não é citado
Lyda Monteiro da Silva	Citado	Não é citado	Não é citado
Manoel Alves de Oliveira	Citado	Não é citado	Não é citado
Manoel Fiel Filho	Citado	Não é citado	Não é citado
Manoel José Nurchis	Citado	Não é citado	Não é citado

Manoel Lisbôa de Moura	Citado	Não é citado	Não é citado
Manoel Raimundo Soares	Citado	Não é citado	Não é citado
Márcio Beck Machado	Citado	Não é citado	Não é citado
Marco Antônio Braz de Carvalho	Citado	Não é citado	Citado sem alteração em relação a 1993
Marco Antônio Dias Baptista	Citado	Não é citado	Não é citado
Marcos Nonato da Fonseca	Citado	Sem alteração	Sem alteração
Maria Ângela Ribeiro	Citado	Não é citado	Não é citado
Maria Augusta Thomaz	Citado	Não é citado	Não é citado
Maria Auxiliadora Lara Barcellos	Citado	Não é citado	Não é citado
Maria Célia Corrêa	Citado	Não é citado	Não é citado
Maria Lúcia Petit da Silva	Citado	Sem alteração	Sem alteração
Maria Regina Lobo Leite de Figueiredo	Citado	Sem alteração	Sem alteração
Maria Regina Marcondes Pinto	Citado	Não é citado	Não é citado
Mariano Joaquim da Silva	Citado	Sem alteração	Sem alteração

Mário Alves de Souza Vieira	Citado	Não é citado	Não é citado
Mário de Souza Prata	Citado	Sem alteração	Sem alteração
Maurício Grabois	Citado	Sem alteração	Sem alteração
Maurício Guilherme da Silveira	Citado	Sem alteração	Sem alteração
Merival Araújo	Citado	Não é citado	Não é citado
Miguel Pereira dos Santos	Citado	Não é citado	Não é citado
Nelson José de Almeida	Citado	Não é citado	Citado sem alteração em relação a 1993
Nelson Lima Piauhy Dourado	Citado	Não é citado	Não é citado
Nestor Vera	Citado	Não é citado	Não é citado
Nilton Rosa da Silva	Citado	Não é citado	Não é citado
Norberto Armando Habegger	Citado	Não é citado	Não é citado
Norberto Nehring	Citado	Não é citado	Citado sem alteração em relação a 1993
Odijas Carvalho de Souza	Citado	Sem alteração	Sem alteração
Olavo Hanssen	Citado	Não é citado	Citado sem alteração em relação a 1993

Onofre Pinto	Citado	Não é citado	Não é citado
Oswaldo Orlando da Costa	Citado	Não é citado	Não é citado
Otoniel Campos Barreto	Citado	Sem alteração	Sem alteração
Pauline Philipe Reichstul	Citado	Não é citado	Não é citado
Paulo César Botelho Massa	Citado	Não é citado	Não é citado
Paulo Costa Ribeiro Bastos	Citado	Não é citado	Não é citado
Paulo de Tarso Celestino da Silva	Citado	Não é citado	Não é citado
Paulo Stuart Wright	Citado	Não é citado	Não é citado
Pedro Alexandrino Oliveira Filho	Citado	Não é citado	Não é citado
Pedro Inácio de Araújo	Citado	Não é citado	Não é citado
Pedro Jerônimo de Souza	Citado	Não é citado	Não é citado
Pedro Ventura Felipe de Araújo Pomar	Citado	Não é citado	Não é citado
Raimundo Eduardo da Silva	Citado	Sem alteração	Sem alteração

Raimundo Ferreira Lima	Citado	Não é citado	Não é citado
Raimundo Gonçalves de Figueiredo	Citado	Sem alteração	Sem alteração
Ramires Maranhão do Valle	Citado	Não é citado	Não é citado
Ranúsia Alves Rodrigues	Citado	Não é citado	Não é citado
Reinaldo Silveira Pimenta	Citado	Sem alteração	Sem alteração
Roberto Cietto	Citado	Não é citado	Não é citado
Roberto Lanari	Citado	Não é citado	Não é citado
Roberto Macarini	Citado	Sem alteração	Sem alteração
Roberto Rascado Rodriguez	Citado	Não é citado	Não é citado
Rodolfo de Carvalho Troiano	Citado	Não é citado	Não é citado
Ronaldo Mouth Queiroz	Citado	Não é citado	Não é citado
Rosalindo Sousa	Citado	Não é citado	Não é citado
Rubens Beyrodt Paiva	Citado	Não é citado	Citado. Inclui referência a fato ocorrido em março de 2013

Rui Osvaldo Aguiar Pfútzenreuter	Citado com a grafia *Rui Osvaldo Aguiar Pfjtzenreuter*	Citado com duas versões de grafia: *Rui Osvaldo Aguiar Pfjtzenreuter* e *Ruy Osvaldo Aguiar Pfitzenreuter*	Citado com duas versões de grafia: *Rui Osvaldo Aguiar Pfjtzenreuter* e *Ruy Osvaldo Aguiar Pfitzenreuter*
Ruy Carlos Vieira Berbert	Citado	Sem alteração	Sem alteração
Ruy Frasão Soares	Citado	Não é citado	Não é citado
Sérgio Landulfo Furtado	Citado	Não é citado	Não é citado
Severino Viana Colou	Citado	Sem alteração	Sem alteração
Sidney Fix Marques dos Santos	Citado	Não é citado	Não é citado
Silvano Soares dos Santos	Citado	Não é citado	Não é citado
Soledad Barrett Viedma	Citado	Não é citado	Não é citado
Sônia Maria de Moraes Angel Jones	Citado	Não é citado	Não é citado
Stuart Edgar Angel Jones	Citado	Não é citado	Não é citado
Suely Yumiko Kanayama	Citado	Não é citado	Não é citado

Telma Regina Cordeiro Corrêa	Citado	Não é citado	Não é citado
Thomaz Antônio da Silva Meirelles Netto	Citado	Não é citado	Não é citado
Tito de Alencar Lima	Citado	Não é citado	Não é citado
Tobias Pereira Júnior	Citado	Não é citado	Não é citado
Túlio Roberto Cardoso Quintiliano	Citado	Não é citado	Não é citado
Uirassu de Assis Batista	Citado	Não é citado	Não é citado
Umberto de Albuquerque Câmara Neto	Citado	Não é citado	Não é citado
Valdir Salles Saboia	Citado	Não é citado	Não é citado
Vandick Reidner Pereira Coqueiro	Citado	Não é citado	Não é citado
Virgílio Gomes da Silva	Citado	Sem alteração	Sem alteração
Vitorino Alves Moitinho	Citado	Não é citado	Não é citado
Vladimir Herzog	Citado	Não é citado	Não é citado
Walkíria Afonso Costa	Citado	Não é citado	Não é citado

Walter Kenneth Nelson Fleury	Citado	Não é citado	Não é citado
Walter Ribeiro Novaes	Citado	Não é citado	Não é citado
Wânio José de Mattos	Citado	Não é citado	Não é citado
Wilson Silva	Citado	Não é citado	Não é citado
Wilson Souza Pinheiro	Citado	Não é citado	Não é citado
Yoshitane Fujimori	Citado	Sem alteração	Sem alteração

[a] A grafia dos nomes é a mesma utilizada na versão eletrônica do *Relatório* da CNV, quando lá citados. [b] De acordo com o *Aviso nº 024/MM*, de 5 de maio de 1993, em resposta ao então ministro da Justiça, Maurício Corrêa. Em muitos casos, a grafia utilizada pela Marinha diverge da grafia empregada na versão eletrônica do *Relatório* da CNV. A grafia usada pela Marinha só é citada aqui quando se faz necessário para o entendimento do caso. [c] De acordo com o *Ofício nº 60-138/MD-MB*, de 17 de maio de 2013, do comandante da Marinha, almirante Julio Soares de Moura Neto, em resposta a questionamento da CNV. [d] De acordo com o *Ofício nº 60-138/MD-MB*, de 17 de maio de 2013, conjugado com o *Ofício nº 60-154/MD-MB*, de 29 de maio de 2013, ambos do comandante da Marinha, almirante Julio Soares de Moura Neto. O segundo ofício é um adendo ao primeiro, em resposta ao novo questionamento da CNV.

NOTAS

INTRODUÇÃO [PP. 11-14]

1. *Ofício nº 003/SDP/0004/70*, 30 jan. 1970, SG/CSN. Reservado. Acervo: AN.
2. *Numeração dos documentos sigilosos expedidos pela SG/CSN — 1970*, s.d., SG/CSN. Sem classificação de sigilo. Acervo: AN.
3. *Ofício nº 023-SDP/1055/70*, 17 jul. 1970, SG/CSN. Reservado. Acervo: AN.
4. *Ofício nº 012/SG-1/2067/70*, 9 set. 1970, SG/CSN. Confidencial. Acervo: AN.
5. José Casado, "Riocentro: documentos revelam que Figueiredo encobriu atentado", *O Globo*, 30 mar. 2014.
6. Para vítimas do combate à Guerrilha do Araguaia, versão eletrônica do *Relatório* da CNV, v. I, pp. 719-21, em: <www.cnv.gov.br/images/pdf/relatorio/volume_1_digital.pdf>. Acesso em: jul. 2015.
7. Para o número e os nomes de desaparecidos e de vítimas fatais, versão eletrônica do *Relatório* da CNV, v. I, p. 500, e v. III, pp. 15-22, em: <www.cnv.gov.br/images/pdf/relatorio/volume_1_digital.pdf>. Acesso em: jul. 2015.

1º ATO — PRESERVAR [PP. 15-47]

1. Para a disputa entre os dois grupos, ver Elio Gaspari, *A ditadura envergonhada* e *A ditadura escancarada*.
2. Para o projeto de reformulação dos serviços secretos militares, ver Lucas Figueiredo, *Ministério do silêncio*, pp. 151-2.
3. Decreto nº 60664 de 2 maio 1967.
4. *Relatório de atividades do Centro de Informações da Marinha — 1971*, s.d. Secreto. Acervo: PR/UFMG/Cenimar/LR.
5. Ibid.
6. Ibid.
7. Exemplos de documentos externos no acervo do Cenimar: Polícia Federal (*Encaminhamento nº 550/73, 29 maio 73*. Confidencial); SNI (*Anexo "A" do Plano Nacional de Informações*, de dezembro de 1972. Secreto); DOI/Codi (relatório sem número, 16 jan. 1970, Codi/I Exército, assinado pelo general Syseno Sarmento); CIE (*Informe nº 060/S-102-A6-CIE*, 6 fev. 1976. Confidencial) e Cisa (*Código Urubu*, s.d. Secreto). Todos do acervo PR/UFMG/Cenimar/LR.
8. Decreto nº 60417/67 de 11 mar. 1967. Exemplos de documentos sigilosos no acervo do Cenimar: reservado (*Ofício: criação do Código Asterix*, s.n., 28 maio 1971, Seção de Registro e Comunicação do Cenimar); confidencial (*Informe nº 060/S-102-A6-CIE*, 6 fev. 1976, CIE); secreto (*BRE nº 01/I Ex.*, 21 out. 1970, I Exército/2ª Seção) e ultrassecreto (*Ofício nº 0034*, 22 jan. 1970, Cenimar), todos do acervo PR/UFMG/Cenimar/LR.

[9] Para a avaliação do combate à subversão, *Relatório de atividades do Cenimar no ano de 1971*, s.d., Cenimar. Secreto. Acervo: PR/UFMG/Cenimar/LR. Para o número de mortes e denúncias de tortura, Elio Gaspari, *A ditadura escancarada*, p. 472.
[10] *Relatório de atividades do Cenimar no ano de 1971*, s.d., Cenimar. Secreto. Acervo: PR/UFMG/Cenimar/LR.
[11] Ibid.
[12] Ibid.
[13] Ibid.
[14] Ibid.
[15] Ibid.
[16] Ibid.
[17] Ibid.
[18] Dois exemplos de documentos do Cenimar que levam o carimbo: *Folha de rosto do Ofício nº 0823*, 11 ago. 1970, ministro da Marinha. Secreto; *Folha de rosto do Relatório anual e estatístico da Divisão de Registro em 1972*, s.d., Cenimar. Secreto. Ambos do acervo PR/UFMG/Cenimar/LR.
[19] *Relatório de atividades do Cenimar no ano de 1971*, s.d., Cenimar. Secreto. Acervo: PR/UFMG/Cenimar/LR.
[20] Ibid.
[21] Ibid.
[22] Para "advento da microfilmagem", ibid. Para "pulo do gato", ofício do capitão Ronaldo Velloso Netto dos Reys, encarregado da Divisão de Registro do Cenimar, 21 mar. 1974. Secreto. Acervo: PR/UFMG/Cenimar/LR.
[23] *Relatório de atividades do Cenimar no ano de 1971*, s.d., Cenimar. Secreto. Acervo: PR/UFMG/Cenimar/LR.

24 Ibid. Valores atualizados pela calculadora on-line do Banco Central: <www.bcb.gov.br/?calculadora>.
25 Ibid.
26 Ibid.
27 Ibid.
28 Folha de rosto do dossiê *Operação Master, pastas de número 1, 2, 3 e 7*, s.d., Divisão de Registro do Cenimar. Secreto. Acervo: PR/UFMG/Cenimar/LR.
29 *Relatório anual e estatístico da Divisão de Registro do Cenimar em 1972*, assinado pelo capitão Ronaldo Velloso Netto dos Reys, s.d. Sem grau de sigilo. Acervo: PR/UFMG/Cenimar/LR.
30 Ibid.
31 Ibid.
32 Ibid.
33 Ibid.
34 Ibid.
35 Ibid.
36 Ibid.
37 Ibid.
38 Ibid.
39 Ibid.
40 Ibid.
41 Série documental formada por 79 microfilmes referentes a operações da 3ª Brigada de Infantaria Motorizada no início da década de 1970. Acervo: APES.
42 *Relatório anual e estatístico da Divisão de Registro do Cenimar em 1972*, assinado pelo capitão Ronaldo Velloso Netto dos Reys, s.d. Sem grau de sigilo. Acervo: PR/UFMG/Cenimar/LR.

43 Ibid. Valores atualizados pela calculadora on-line do Banco Central: <www.bcb.gov.br/?calculadora>.
44 Ibid.
45 Ibid.
46 Ibid.
47 Ibid.
48 Ibid.
49 Ibid.
50 Em segundo lugar, empatados, vinham os prontuários do guerrilheiro Carlos Lamarca e do ex-presidente Arthur da Costa e Silva, com 1800 páginas. Ibid.
51 Sobre os dados coletados referentes ao ano de 1932, ver Lucas Figueiredo, *Ministério do silêncio*, p. 211.
52 *Relatório anual e estatístico da Divisão de Registro do Cenimar em 1972*, assinado pelo capitão Ronaldo Velloso Netto dos Reys, s.d. Sem grau de sigilo. Acervo: PR/UFMG/Cenimar/LR. Os 23 desaparecidos políticos eram Aylton Adalberto Mortati, Dênis Casemiro, James Allen Luz, Virgílio Gomes da Silva, Félix Escobar, Antônio dos Três Reis de Oliveira, Izis Dias de Oliveira, Bergson Gurjão Farias, Lourival Moura Paulino, Luiz Almeida Araújo, Rubens Paiva, Ciro Flávio Salazar de Oliveira, Aluizio Palhano Pedreira Ferreira, Antônio Carlos Monteiro Teixeira, Ezequias Bezerra da Rocha, Helenira Resende de Souza Nazareth, Idalísio Soares Aranha Filho, João Carlos Haas Sobrinho, Joel Vasconcelos Santos, Jorge Leal Gonçalves Pereira, Mariano Joaquim da Silva, Maria Lúcia Petit da Silva e Kleber Lemos da Silva.
53 Ibid.
54 Ibid.

55 Ibid.
56 Em 1974, havia unidades do DOI/Codi em São Paulo, Rio de Janeiro, Recife, Brasília, Curitiba, Belo Horizonte, Salvador, Belém, Fortaleza e Porto Alegre.
57 *Relatório anual e estatístico da Divisão de Registro do Cenimar em 1972*, assinado pelo capitão Ronaldo Velloso Netto dos Reys, s.d. Sem grau de sigilo. Acervo: PR/UFMG/Cenimar/LR.
58 As primeiras reportagens sobre a guerrilha foram publicadas pelo *Coojornal*, de Porto Alegre, em 1978. No ano seguinte, seria a vez de *O Estado de S. Paulo* furar o cerco da censura com uma série de reportagens de Fernando Portela. Ver Taís Morais e Eumano Silva, *Operação Araguaia*, pp. 537-9.
59 *Relatório anual e estatístico da Divisão de Registro do Cenimar em 1972*, assinado pelo capitão Ronaldo Velloso Netto dos Reys, s.d. Sem grau de sigilo. Acervo: PR/UFMG/Cenimar/LR.
60 Ibid.
61 Ibid.
62 *Termo de encerramento do microfilme sem número*, 17 jul. 1973, Seção de Microfilmagem do Cenimar, com reprodução do dossiê *Operação Registro*. Secreto. Acervo: PR/UFMG/Cenimar/LR.
63 *Relatório anual e estatístico da Divisão de Registro do Cenimar em 1972*, assinado pelo capitão Ronaldo Velloso Netto dos Reys, s.d. Sem grau de sigilo. Acervo: PR/UFMG/Cenimar/LR.
64 Ibid.
65 Ibid.

66 *Anexos F e G do Relatório anual e estatístico da Divisão de Registro do Cenimar em 1972*, assinado pelo capitão Ronaldo Velloso Netto dos Reys, s.d. Sem grau de sigilo. Acervo: PR/UFMG/Cenimar/LR.
67 *Relatório anual e estatístico da Divisão de Registro do Cenimar em 1972*, assinado pelo capitão Ronaldo Velloso Netto dos Reys, s.d. Sem grau de sigilo. Acervo: PR/UFMG/Cenimar/LR.
68 Ibid. Ver também *Ofício do capitão Ronaldo Velloso Netto dos Reys*, encarregado da Divisão de Registro do Cenimar, 21 mar. 1974. Secreto. Acervo: PR/UFMG/Cenimar/LR.
69 *Anexo B do ofício do capitão Ronaldo Velloso Netto dos Reys*, encarregado da Divisão de Registro do Cenimar, 21 mar. 1974. Secreto. Acervo: PR/UFMG/Cenimar/LR.
70 *Informe confidencial POL.F.279-19/C.4/4 — Postal bombs and similar booby traps*, 7 dez. 1972, Embaixada dos Estados Unidos no Brasil, reproduzido no *Encaminhamento nº 550/73 S-3*, Departamento de Polícia Federal, 29 maio 1973, também confidencial. Acervo: PR/UFMG/Cenimar/LR.
71 Ofício do capitão Ronaldo Velloso Netto dos Reys, encarregado da Divisão de Registro do Cenimar, 21 mar. 1974. Secreto. Acervo: PR/UFMG/Cenimar/LR.
72 Ibid.
73 Ibid.
74 Ibid.
75 *Relatório suscinto [sic] das atividades do Cenimar — Março de 1974*, s.d., Cenimar. Secreto. Acervo: PR/UFMG/Cenimar/LR.
76 Ibid.

77 Ibid.
78 Ibid.
79 No *Protocolo de documentos sigilosos do Estado-Maior das Forças Armadas*, pertencente ao acervo do Arquivo Nacional, há registros de inventários de documentos sigilosos produzidos durante a ditadura pelo Estado-Maior do Exército, Estado-Maior das Forças Armadas, Estado-Maior da Aeronáutica, Ministério do Exército, Ministério da Aeronáutica, Secretaria Geral do Conselho de Segurança Nacional, Cisa, Comando-Geral de Operações Aéreas, Comando Aerotático, NUCOMDABRA, Comando Militar da Amazônia, 23ª Brigada de Infantaria da Selva, Comando de Operações Navais, Comando Militar do Nordeste, 23ª Brigada de Infantaria da Selva/Exército, 1ª Brigada de Artilharia Antiaérea, 2ª Força Aérea, Secretaria de Assessoramento de Defesa Nacional e SNI.
80 Ibid.
81 *Anexo A do Relatório de atividades do Cenimar no ano de 1971*, s.d., Cenimar. Secreto. Acervo: PR/UFMG/Cenimar/LR; *Anexo A do Relatório anual e estatístico da Divisão de Registro em 1972*, s.d., Cenimar. Secreto. Ambos do acervo: PR/UFMG/Cenimar/LR.
82 *Anexo A do Relatório anual e estatístico da Divisão de Registro em 1972*, s.d., Cenimar. Secreto. Acervo: PR/UFMG/Cenimar/LR.
83 *Informe confidencial POL.F.279-19/C.4/4 — Postal bombs and similar booby traps*, 7 dez. 1972, Embaixada dos Estados Unidos no Brasil, reproduzido no *Encaminhamento nº 550/73 S-3*, Departamento de Polícia Federal, 29 maio 1973, também confidencial. Acervo: PR/UFMG/Cenimar/LR.

84 *Operação Segurança e Terrorismo Postal*, dossiê sem número, 20 jul. 1973, Seção de Microfilmagem do Cenimar. Acervo: PR/UFMG/Cenimar/LR.

85 *Termo de encerramento do microfilme sem número*, 20 jul. 1973, Seção de Microfilmagem do Cenimar, com reprodução do dossiê *Operação Segurança e Terrorismo Postal*. Secreto. Acervo: PR/UFMG/Cenimar/LR.

86 *Ofício nº 814*, 11 out. 1972, Cenimar. Secreto. Acervo: PR/UFMG/Cenimar/LR.

87 *Pasta nº 7 — Documentos de pessoas efetivamente registradas no Cenimar*, s.d., Cenimar. Sem grau de sigilo; *Pasta nº 2 — Documentos de 1970 a 1972*, s.d., Cenimar, contendo documentos sem grau de sigilo, bem como secretos. Ambos do acervo: PR/UFMG/Cenimar/LR. O jornalista Leonel Rocha, que revelou a existência dos microfilmes do Cenimar, é autor da reportagem "Os infiltrados da ditadura", publicada na edição de 25 nov. 2011 da revista *Época*.

88 *Operação Master, pastas de número 1, 2, 3 e 7*, s.d., Divisão de Registro do Cenimar. Secreto. Acervo: PR/UFMG/Cenimar/LR. A revelação dos papéis da Operação Master foi feita pelos jornalistas Leonel Rocha, Eumano Silva e Leandro Loyola na reportagem "As ações da CIA no Brasil", publicada na edição de 2 dez. 2011 da revista *Época*.

89 *Síntese dos assuntos abordados em nossa reunião de hoje, 16 de janeiro de 1970* [...], s.d., assinado pelo comandante do I Exército, general Syseno Sarmento, e pelo chefe do Estado-Maior do I Exército, general Carlos Alberto Cabral Ribeiro. Ultrassecreto. Acervo: PR/UFMG/Cenimar/LR.

2º ATO — ESCONDER [PP. 48-56]

1. José Augusto Ribeiro. *Tancredo Neves: a noite do destino*, pp. 620-1.
2. *O Estado de S. Paulo*, 19 maio 1985.
3. *Projeto SNI — Anexo E — Imagem do SNI*, s.d., SNI/Agência Central. Confidencial. Acervo: PR/UFMG/CIE/LF.
4. *Projeto SNI — Relatório da 2ª fase — 1ª parte*, 6 set. 1989, SNI/Agência Central. Secreto. Acervo: PR/UFMG/CIE/LF.
5. *Protocolo de documentos sigilosos do EMFA entre 1968 e 1990*. Acervo: AN.
6. Ibid.
7. Para o desmonte parcial do SNI, ver Lucas Figueiredo, *Ministério do silêncio*, pp. 449-65.
8. *Ofício de 09/02/1989 do ministro-chefe do SNI ao ministro da Agricultura*. Confidencial. Acervo: PR/UFMG/CIE/LF.
9. Ibid.
10. *Protocolo de documentos sigilosos do EMFA entre 1968 e 1990*. Acervo: AN.
11. Ibid.

3º ATO — MENTIR [PP. 57-73]

1. Para o grupo terrorista ligado ao CIE, o *Grupo Secreto*, ver José Amaral Argolo, Kátia Maria Ribeiro Teixeira e Luiz Alberto Machado Fortunato, *A direita explosiva no Brasil*. Para o atentado que matou Lyda Monteiro da Silva, Lucas Figueiredo, *Ministério do silêncio*, pp. 312-3. Um vídeo com explosões de bombas à base de nitropenta

pode ser visto em: <www.youtube.com/watch?v=CB5n a6nswSw>. Acesso em: jul. 2015.

[2] *Aviso nº 002/MAER/C-002*, 1º fev. 1973. Confidencial. Acervo: AA.

[3] Para a morte de Stuart Edgard Angel Jones, ver Hélio Silva e Maria Cecília Ribas Carneiro, *Os governos militares: 1969-1974*.

[4] *Aviso nº 002/MAER/C-002*, 1º fev. 1973. Confidencial. Acervo: AA.

[5] Ibid.

[6] Ibid. Os outros treze falsos casos de suicídio eram os de Milton Soares de Castro (no relatório da Aeronáutica, apresentado como Milton Palmeira de Castro), Carlos Roberto Zanirato, João Lucas Alves, Reinaldo Silveira Pimenta, Roberto Cieto, Severino Viana Colou (no relatório, Colon), Ary Abreu Lima da Rosa (Ari, no relatório), Norberto Nehring, Roberto Macarini, Célio Augusto Guedes, Ismael Silva de Jesus (Ismael de Jesus Silva, no relatório), Henrique Cintra Ferreira de Ornelas (no relatório, Henrique Ornelas Ferreira Cintra) e Manuel Fiel Filho. Para a versão oficial das mortes, versão eletrônica do *Relatório da* CNV, v. III, em: <www.cnv.gov.br/images/pdf/relatorio/volume_3_digital.pdf>. Acesso em: jul. 2015.

[7] Ibid. Os 47 guerrilheiros eram: Adriano Fonseca Filho, André Grabois, Antônio Ferreira Pinto, Antônio Alfredo de Lima, Antônio Carlos Monteiro Teixeira, Antônio de Pádua Costa, Antônio Guilherme Ribeiro Ribas, Antônio Teodoro de Castro, Arildo Valadão, Áurea Eliza Pereira, Bergson Gurjão Farias, Cilon Cunha Brum, Ciro Flávio Salazar e Oliveira, Custódio Saraiva Neto, Daniel

Ribeiro Callado, Dermeval da Silva Pereira, Dinaelza Santana Coqueiro, Dinalva Conceição Oliveira Teixeira, Divino Ferreira de Sousa, Elmo Corrêa, Francisco Manoel Chaves, Gilberto Olímpio Maria, Guilherme Gomes Lund, Helenira Resende de Sousa Nazareth, Hélio Luiz Navarro de Magalhães, Idalísio Soares Aranha Filho, Jaime Petit da Silva, Jana Moroni Barroso, João Carlos Haas Sobrinho, João Gualberto Calatrone, José Huberto Bronca, José Lima Piauhy Dourado, José Maurílio Patrício, José Toledo de Oliveira, Kleber Lemos da Silva, Líbero Giancarlo Castiglia, Lourival Moura Paulino, Lúcia Maria de Souza, Lúcio Petit da Silva, Luiz Renê Silveira e Silva, Luisa Augusta Garlippe, Manoel José Nurchis, Maria Célia Corrêa, Maria Lúcia Petit da Silva, Maurício Grabois, Miguel Pereira dos Santos e Nelson Lima Piauhy Dourado.

[8] Sobre a participação da Aeronáutica na última campanha militar no Araguaia, ver Tais Morais e Eumano Silva, *Operação Araguaia*, pp. 449-51.

[9] Relatório do Exército entregue ao ministro da Justiça Maurício Corrêa em dezembro de 1993. Acervo: APSKL. Os quatro guerrilheiros eram: Adriano Fonseca Filho, Antônio Carlos Monteiro Teixeira, Antônio Guilherme Ribeiro Ribas e Walkíria Afonso Costa.

[10] Para os testemunhos ao Ministério Público, versão eletrônica do *Relatório* da CNV, v. III, pp. 1522-6, em: <www.cnv.gov.br/images/pdf/relatorio/volume_3_digital.pdf>. Acesso em: jul. 2015.

[11] Relatório do Exército entregue ao ministro da Justiça Maurício Corrêa em dezembro de 1993. Acervo: APSKL.

12 *O Globo*, 28 abr. 1996.
13 Relatório do Exército entregue ao ministro da Justiça Maurício Corrêa em dezembro de 1993. Acervo: APSKL.
14 Ibid.
15 *Zero Hora*, 14 dez. 2003, seção de anúncios fúnebres.
16 Eram eles: Antônio Carlos Monteiro Teixeira; Antônio dos Três Reis de Oliveira; Ciro Flávio Salazar de Oliveira; Ezequias Bezerra da Rocha; Félix Escobar; Helenira Resende de Souza Nazareth; Izis Dias de Oliveira; Joel Vasconcelos Santos; José Gomes Teixeira; Kleber Lemos da Silva e Rubens Paiva. O relatório de 1993 é o *Aviso nº 024/ MM*, 5 fev. 1993, Ministério da Marinha. Confidencial. Os "prontuários de pessoas mortas" de 1972 fazem parte do *Relatório anual e estatístico da Divisão de Registro do Cenimar em 1972*, s.d. Sem grau de sigilo. Acervo: PR/UFMG/Cenimar/LR.
17 *Aviso nº 024/MM*, 5 fev. 1993, Ministério da Marinha. Confidencial.
18 A testemunha era Antônio Carlos de Oliveira da Silva, preso junto com Joel. Versão eletrônica do *Relatório* da CNV, v. III, pp. 558-60, em: <www.cnv.gov.br/images/pdf/relatorio/volume_3_digital.pdf>. Acesso em: jul. 2015.
19 *Aviso nº 024/MM*, 5 fev. 1993, Ministério da Marinha. Confidencial.
20 Ibid.
21 Ibid.
22 *Relatório anual e estatístico da Divisão de Registro do Cenimar em 1972*, assinado pelo capitão Ronaldo Velloso Netto dos Reys, s.d. Sem grau de sigilo. Acervo: PR/UFMG/Cenimar/LR.

23 Entrevista de Maurício Corrêa ao autor em 2007.
24 Entrevista de Leônidas Pires Gonçalves ao autor em 2007.
25 Para saber mais sobre o livro do Exército vetado por Sarney, ver Lucas Figueiredo, *Olho por olho*. Para a utilização do acervo do CIE como base para o livro do Exército, ver Agnaldo Del Nero Augusto; Lício Maciel e José Conegundes do Nascimento (Orgs.), *Orvil: tentativas de tomada do poder*, p. 22.
26 Decreto nº 27583 de 14 dez. 1949.
27 Ibid.
28 Ibid.
29 Ibid.
30 Decreto nº 60417 de 11 mar. 1967.
31 Ibid.
32 Decreto nº 79099 de 6 jan. 1977.
33 Decreto nº 27583 de 14 dez. 1949, art. 16º, inciso B; decreto nº 60417 de 11 mar. 1967, art. 18º; decreto nº 79099 de 6 jan. 1977, art. 8º.
34 Decreto nº 60417 de 11 mar. 1967; decreto nº 79099 de 6 jan. 1977; decreto nº 2134 de 24 jan. 1997.
35 Lei nº 5433 de 8 maio 1968.

4º ATO — CALAR-SE [PP. 74-132]

1 Para a sucessão do SNI pelo DI, ver Lucas Figueiredo, *Ministério do silêncio*, p. 452.
2 Entrevista de Maurício Corrêa ao autor em 2007.
3 Lei nº 9140 de 4 dez. 1995.

4 Nilmário Miranda e Carlos Tibúrcio, *Dos filhos deste solo*, p. 18.
5 Ação ordinária nº 82.00.24682-5 da 1ª Vara Federal de Brasília.
6 *Ofício nº 723/A2*, do Chefe de Gabinete do Comandante do Exército, 25 abr. 2000.
7 Decreto nº 4553 de 27 dez. 2002. O prazo máximo de sigilo aumentou de cinco para dez anos (documentos reservados), de dez para vinte anos (confidenciais), de vinte para trinta anos (secretos) e de trinta para cinquenta anos, prorrogáveis *ad infinitum* (ultrassecretos).
8 *Apreciação sumária*, 5 out. 1977, SNI/Agência Central. Confidencial. CPDOC/FGV/EG; Celso Castro e Maria Celina D'Araujo (Orgs.), *Dossiê Geisel*.
9 Otto Sarkis e Luiz Antônio Novaes, *IstoÉ*, 4 maio 1994.
10 Documentos sobre a operação foram entregues à Comissão de Direitos Humanos da Câmara dos Deputados em 1997, pelo cabo José Alves Firmino, informante do CIE.
11 Para a política de boa convivência de Lula para as Forças Armadas, ver Lucas Figueiredo, *Ministério do silêncio*, pp. 525-6.
12 Ao longo do tempo, o serviço secreto civil teve várias siglas: Sfici (1956-64), SNI (1964-90), DI (1990-2), SSI (1992--9) e Abin (a partir de 1999).
13 Eliane Cantanhêde e Iuri Dantas, "Para general Félix, arquivos vão expor vítimas do regime", *Folha de S.Paulo*, 14 nov. 2004.
14 Decreto nº 5584 de 18 nov. 2005.
15 *Contestação no caso "Julia Gomes Lund e outros vs. Brasil", nº 11552*, Comissão Interamericana de Direitos Hu-

manos (CIDH), apresentado pelo embaixador Hildebrando Tadeu Nascimento Valladares, agente da República Federativa do Brasil, em 31 out. 2009.

[16] Em 1974, havia unidades do DOI/Codi em São Paulo, Rio de Janeiro, Recife, Brasília, Curitiba, Belo Horizonte, Salvador, Belém, Fortaleza e Porto Alegre.

[17] Mariana Joffily, "Direito à informação e direito à vida privada: Os impasses em torno do acesso aos arquivos da ditadura militar brasileira", *Estudos Históricos*, v. 25, n. 49, jan.-jun. 2012. Íntegra em: <www.scielo.br/scielo.php?pid=S0103-21862012000100009&script=sci_arttext>. Acesso em: jul. 2015.

[18] Programa *Roda Vida*, TV Cultura, 6 dez. 2004. Em julho de 2015, a transcrição na íntegra do programa podia ser acessada em: <www.rodaviva.fapesp.br/materia/167/entrevistados/marcio_thomaz_bastos_2004.htm>.

[19] Ibid.

[20] Em um período de 27 anos (1985 a 2011), o Prêmio Esso, considerado o mais importante da imprensa brasileira, premiou em nove edições (um terço do total) reportagens que revelavam histórias da ditadura. Disponível em: <www.premioexxonmobil.com.br>. Acesso em: jul. 2015.

[21] Entrevista do general Leônidas Pires Gonçalves ao autor em 2007.

[22] Lucas Figueiredo, *Olho por olho*, p. 123.

[23] A íntegra do *Orvil* foi obtida em 2007 pelo autor, que revelou seu conteúdo em reportagens publicadas nos jornais *Estado de Minas* e *Correio Braziliense* a partir de 15 de abril daquele ano. Em 2009, o autor lançou *Olho por olho: Os livros secretos da ditadura*, que conta a história

do *Brasil: nunca mais* e do *Orvil*. Em 2012, antigos guardiões do *Orvil*, encabeçados pelos coronéis Licio Maciel e José Conegundes do Nascimento, publicaram o manuscrito do Exército, com pequenas alterações, com o título *Orvil: tentativas de tomada do poder*.
24 Entrevista do general Leônidas Pires Gonçalves ao autor em 2007.
25 Ibid.
26 Ibid.
27 Relatório do *Projeto Orvil* intitulado *As tentativas de tomada do poder*. Acervo: AA.
28 Relatório do Exército entregue ao ministro da Justiça Maurício Corrêa em dezembro de 1993. Acervo: APSKL.
29 Relatório do *Projeto Orvil*, intitulado *As tentativas de tomada do poder*. Acervo: AA.
30 Relatório do Exército entregue ao ministro da Justiça Maurício Corrêa em dezembro de 1993. Acervo: APSKL.
31 Ibid.
32 Ibid.
33 Relatório do *Projeto Orvil*, intitulado *As tentativas de tomada do poder*. Acervo: AA.
34 Relatório do Exército entregue ao ministro da Justiça Maurício Corrêa em dezembro de 1993. Acervo: APSKL.
35 Relatório do *Projeto Orvil*, intitulado *As tentativas de tomada do poder*. Acervo: AA.
36 Relatório do Exército entregue ao ministro da Justiça Maurício Corrêa em dezembro de 1993. Acervo: APSKL.
37 Relatório do *Projeto Orvil*, intitulado *As tentativas de tomada do poder*. Acervo: AA.
38 Relatório do Exército entregue ao ministro da Justiça

Maurício Corrêa em dezembro de 1993. Acervo: APSKL.
[39] Relatório do *Projeto Orvil*, intitulado *As tentativas de tomada do poder*. Acervo: AA.
[40] Relatório do Exército entregue ao ministro da Justiça Maurício Corrêa em dezembro de 1993. Acervo: APSKL.
[41] Ibid.
[42] Ibid.
[43] Ibid.
[44] Relatório do *Projeto Orvil*, intitulado *As tentativas de tomada do poder*. Acervo: AA.
[45] Relatório do Exército entregue ao ministro da Justiça Maurício Corrêa em dezembro de 1993. Acervo: APSKL.
[46] Ibid.
[47] Ibid.
[48] Relatório do *Projeto Orvil*, intitulado *As tentativas de tomada do poder*. Acervo: AA.
[49] Relatório do Exército entregue ao ministro da Justiça Maurício Corrêa em dezembro de 1993. Acervo: APSKL.
[50] Entrevista de Suzana Keniger Lisbôa ao autor em 2007.
[51] Entrevista de Sônia Haas ao autor em 2007.
[52] Entrevista de Baltazar Oliveira ao autor em 2007.
[53] Entrevista de Criméia Alice Schmidt de Almeida ao autor em 2007.
[54] Entrevista de Marida Toledo de Oliveira ao autor em 2007.
[55] Entrevista de Nella Oliveira Menin ao autor em 2007.
[56] *Relatório Livro Negro do Terrorismo no Brasil*, Procuradoria Federal dos Direitos do Cidadão, 8 abr. 2008, assinado pelos procuradores Eugênia Augusta Gonzaga Fávero, Lívia Nascimento Tinôco, Marcelo José Ferreira e Marlon

Alberto Weichert. Disponível em: <pfdc.pgr.mpf.mp.br/pfdc/temas-de-atuacao/direito-a-memoria-e-a-verdade/atuacao-do-mpf/relatorios/RELATORIO_FINAL_LIVRO_NEGRO_DO_TERRORISMO.pdf>. Acesso em: jul. 2015.

[57] Ibid.
[58] Ibid.
[59] Nota oficial da Comissão de Direitos Humanos da Câmara dos Deputados, 16 abr. 2007.
[60] Entrevista de Paulo Vannuchi ao autor em 2007.
[61] "Flash: Ex-ministro do Exército Leônidas Pires Gonçalves não virá à audiência da Comissão de Direitos Humanos", *Rádio Câmara*, 17 abr. 2007. Disponível em: <www2.camara.leg.br/camaranoticias/radio/materias/ULTIMAS-NOTICIAS/342093-FLASH:-EX-MINISTRO-DO-EX%C3%89RCITO-LE%C3%94NIDAS-PIRES-GON%C3%87ALVES-N%C3%83O-VIR%C3%81-%C3%80-AUDI%C3%8ANCIA-DA-COMISS%C3%83O-DE-DIREITOS-HUMANOS--%2801%2727%27%27%29.html>. Acesso em: jul. 2015.
[62] Entrevista de Zenildo Lucena ao autor em 2007.
[63] *Relatório de mérito nº 91/08*, CIDH, 31 out. 2008.
[64] Sentença do caso "Gomes Lund e outros vs. Brasil", 24 nov. 2010, da Corte Interamericana de Direitos Humanos.
[65] *Aviso nº 195/MD*, do ministro da Defesa, Nelson Jobim, de 5 mar. 2010. Acervo: AA.
[66] Ibid.
[67] Decreto nº 27583 de 14 dez. 1949.
[68] Lei nº 5433 de 8 maio 1968.
[69] *Aviso nº 195/MD*, ministro da Defesa Nelson Jobim, 5 mar. 2010. Acervo: AA.

70 Lei nº 5433 de 8 maio 1968.
71 *Inventário nº 03/60 da SG/CSN*, 30 dez. 1969. Reservado. Acervo: AN.
72 Este acervo foi transferido pelo Ministério da Defesa ao Arquivo Nacional em janeiro de 2013. O material transferido tinha 4942 fichas a menos que o acervo original.
73 Ver ficha nº 463 de 3 nov. 1969 do *Protocolo de documentos sigilosos do EMFA de 1968 a 1990*. Acervo: AN.
74 Ver ficha nº 244 de 1º jul. 1969 do *Protocolo de documentos sigilosos do EMFA de 1968 a 1990*. Acervo: AN.
75 Ver ficha nº 1140 de 3 dez. 1987 do *Protocolo de documentos sigilosos do EMFA de 1968 a 1990*. Acervo: AN.
76 Ver ficha nº 165 de 1º mar. 1990 do *Protocolo de documentos sigilosos do EMFA de 1968 a 1990*. Acervo: AN.
77 Ver fichas nº 326 de 17 maio 1972; nº 534 de 6 maio 1981; nº 524 de 20 jul. 1986 e nº 831 de 31 out. 1989 do *Protocolo de documentos sigilosos do EMFA de 1968 a 1990*. Acervo: AN.
78 Destaque para a ficha nº 363 de 28 abr. 1983, que registra a "destruição de documentos sigilosos controlados" do CIE, um dos principais órgãos de repressão do regime militar e detentor de importante acervo sobre a repressão. Ver também fichas nº 255 de 7 jul. 1969; nº 287 de 6 mar. 1981; nº 371 de 27 mar. 1981; nº 716 de 25 jun. 1981; nº 1022 de 17 set. 1981; nº 1023 de 17 set. 1981; nº 258 de 19 mar. 1982; nº 285 de 24 mar. 1982; nº 313 de 31 mar. 1982; nº 534 de 6 maio 1982; nº 590 de 18 maio 1982; nº 596 de 18 maio 1982; nº 600 de 18 maio 1982; nº 627 de 19 maio 1982; nº 636 de 24 maio 1982 e nº 843 de 23 jun. 1982 do *Protocolo de documentos sigilosos do EMFA de 1968 a 1990*. Acervo: AN.
79 Decreto nº 7845 de 14 nov. 2012. Logo depois, foi aprova-

da a lei nº 12527 de 18 nov. 2011, que estabeleceu os seguintes prazos máximos de sigilo: cinco anos (documento reservado), quinze anos (secreto) e 25 anos (ultrassecreto). A classificação confidencial deixou de existir.

[80] Atualização feita pela calculadora on-line do *Bureau of Labor Statistics*, do governo dos Estados Unidos: <www.bls.gov/data/inflation_calculator.htm>.

[81] Carta da Comissão de Familiares de Mortos e Desaparecidos Políticos ao ministro da Justiça José Eduardo Cardozo, 5 ago. 2011. Acervo: AA.

[82] Relato feito ao autor pela signatária da carta da Comissão de Familiares de Mortos e Desaparecidos Políticos, Suzana Keniger Lisbôa, em maio de 2013.

[83] Os ex-presidentes eram José Sarney, Fernando Collor, Fernando Henrique Cardoso e Luiz Inácio Lula da Silva. Itamar Franco, o terceiro presidente civil do pós-ditadura, já havia falecido.

[84] Em junho de 2015, a íntegra do discurso de Dilma estava no site da Presidência da República: <www2.planalto.gov.br/acompanhe-o-planalto/discursos/discursos-da-presidenta/discurso-da-presidenta-da-republica-dilma-rousseff-na-cerimonia-de-instalacao-da-comissao-da-verdade-brasilia-df>.

[85] Marlon Alberto Weichert, "A Comissão Nacional da Verdade". Disponível em: <www.nucleomemoria.org.br/imagens/banco/files/Comissao%20Nacional%20da%20Verdade.pdf>. Acesso em: jun. 2015. O procurador Weichert é perito em justiça transicional indicado pela Comissão Interamericana de Direitos Humanos da OEA e coautor de iniciativas civis e criminais de respon-

sabilização de violações aos direitos humanos durante a ditadura.

[86] Lei nº 12528 de 18 nov. 2011.

[87] Outros países: Argentina (1983), Chile (1990/2001), Equador (1992), El Salvador (1992), Haiti (1996), Guatemala (1997), Uruguai (2000), Peru (2000) e Panamá (2001). Mariana Joffily, "Direito à informação e direito à vida privada: os impasses em torno do acesso aos arquivos da ditadura militar brasileira", *Estudos Históricos*, v. 25, n. 49, jan.-jun. 2012. Disponível em: <www.scielo.br/scielo.php?pid=S0103-21862012000100009&script=sci_arttext>. Acesso em: jul. 2015.

[88] Afirmação feita em 21 de maio de 2013 na solenidade de um ano dos trabalhos da CNV, realizada na sede da comissão, em Brasília.

[89] Lei nº 12527 de 18 nov. 2011.

[90] Artigo 4º, inciso VIII, parágrafo 3º da lei nº 12528 de 18 nov. 2011.

[91] Para os desaparecimentos na terceira campanha no Araguaia, ver Nilmário Miranda e Carlos Tibúrcio, *Dos filhos deste solo*, pp. 180-96.

[92] Depoimento de Adyr Fiúza de Castro aos pesquisadores Maria Celina D'Araujo e Celso Castro, do CPDOC/FGV. *Os anos de chumbo: A memória sobre a repressão.*

[93] Ver António Costa Pinto e Francisco Carlos Palomanes Martinho (Orgs.), *O passado que não passa: A sombra das ditaduras na Europa do Sul e na América Latina.*

[94] Disponível em: <www.defesanet.com.br/terrestre/noticia/10119/Passagem-de-chefia-do-Centro-de-Inteligencia-do-Exercito>. Acesso em: jul. 2015.

95 Os demais comissários eram José Carlos Dias (ex-ministro da Justiça), Paulo Sérgio Pinheiro (ex-secretário Nacional de Direitos Humanos), José Paulo Cavalcanti Filho (advogado), Maria Rita Kehl (psicanalista), Rosa Maria Cardoso da Cunha (advogada) e Cláudio Fonteles (ex-procurador-geral da República). Este último renunciou mais tarde, cedendo o lugar a Pedro Dallari (advogado).

96 *Ofício nº 12/2012-CNV*, CNV, 27 jun. 2012.

97 Ibid.

98 "Amorim vai abrir arquivos militares para a Comissão da Verdade". *Agência Brasil*, 4 jun. 2012. Disponível em: <memoria.ebc.com.br/agenciabrasil/noticia/2012-06-0 4/amorim-vai-abrir-arquivos-militares-para-comissao-da-verdade>. Acesso em: jul. 2015. Detalhe: quem fez o título da reportagem foi enganado pelo discurso ambíguo de Amorim.

99 *Ofício nº 106-A2.2.1/A2/GabCmtEx — EB: 64536.011897 /2012-83*, 20 jul. 2012, assinado pelo comandante do Exército, general Enzo Martins Peri. Reservado.

100 *Ofício nº 9.161/MD*, de 21 ago. 2012, assinado pelo ministro da Defesa, Celso Amorim.

101 Relato de Leonel Rocha ao autor em 2013.

102 Ver o acervo PR/UFMG/Cenimar/LR.

103 Ibid. O ministro de Estado era o almirante Adalberto de Barros Nunes (Marinha). O ditador era o general Emílio Garrastazu Médici.

104 *Código Asterix*, Cenimar, 27 maio 1971. Sem grau de sigilo. Acervo PR/UFMG/Cenimar/LR.

105 *Anexo B do ofício do capitão Ronaldo Velloso Netto dos Reys, encarregado da Divisão de Registro do Cenimar,*

21 mar. 1974. Secreto. Acervo: PR/UFMG/Cenimar/LR.

[106] Algumas das reportagens foram assinadas em conjunto com Eumano Silva e Leandro Loyola. Em julho de 2015, as reportagens estavam disponíveis na internet: "Os arquivos secretos da Marinha", *Época*, 25 nov. 2011: <revistaepoca.globo.com/tempo/noticia/2011/11/os-arquivos-secretos-da-marinha.html>; "Os infiltrados da ditadura", *Época*, 25 nov. 2011: <revistaepoca.globo.com/tempo/noticia/2011/11/os-infiltrados-da-ditadura.html>; "As ações da CIA no Brasil", *Época*, 2 dez. 2011: <revistaepoca.globo.com/tempo/noticia/2011/12/acoes-da-cia-no-brasil.html>; e "Os nervos expostos da ditadura", *Época*, 16 dez. 2011: <revistaepoca.globo.com/tempo/noticia/2011/12/os-nervos-expostos-da-ditadura.html>.

[107] *Comissão de historiadores/Relatório*, 24 abr. 2013, assinado por Ângela Maria de Castro Gomes, Daniel Aarão Reis Filho e José Murilo de Carvalho. Acervo: AA.

[108] Declaração por escrito da coordenadora de Microrreprodução da Biblioteca Nacional, Vera Lúcia Garcia Menezes, de 30 de julho de 2015.

[109] *Comissão de historiadores/Relatório*, 24 abr. 2013, assinado por Ângela Maria de Castro Gomes, Daniel Aarão Reis Filho e José Murilo de Carvalho. Acervo: AA.

[110] O relatório de 1993 é o *Aviso nº 024/MM*, 5 fev. 1993, Ministério da Marinha. Confidencial. Os "prontuários de pessoas mortas" de 1972 fazem parte do *Relatório anual e estatístico da Divisão de Registro do Cenimar em 1972*, s.d. Sem grau de sigilo. Acervo: PR/UFMG/Cenimar/LR.

[111] *Agenda da senhora presidenta da República, terça-feira, 14 de maio de 2013*, Presidência da República. Em julho

de 2015, a agenda estava disponível na internet: <www2.planalto.gov.br/acompanhe-o-planalto/agenda/agenda-da-presidenta/2013-05-14>.
112 *Agenda da senhora presidenta da República, quarta-feira, 15 de maio de 2013*, Presidência da República. Em julho de 2015, a agenda estava disponível na internet: <www2.planalto.gov.br/acompanhe-o-planalto/agenda/agenda-da-presidenta/2013-05-15>.
113 Entrevista de José Paulo Cavalcanti Filho ao autor em julho de 2015. Ver também Leonêncio Nossa, "Dilma prorroga trabalhos da Comissão da Verdade", *Agência Estado*, 15 maio 2013.
114 Leonêncio Nossa, ibid.
115 Entrevista de José Paulo Cavalcanti Filho ao autor em julho de 2015.
116 Ibid.
117 *Ofício nº 10-A2/GabCmtEx — EB: 64536.011341/2013-78*, 16 maio 2013, comandante do Exército; *Ofício nº 60-138/MD-MB*, 17 maio 2013, comandante da Marinha; *Ofício nº 1/SEGC/6871 — Comaer nº 67000.006405/2013-55*, 17 maio 2013, comandante da Aeronáutica.
118 Para o envio do pedido ao Ministério da Defesa, *Aviso nº 368/SE-C.Civil/PR*, 16 maio 2013. Para o envio do pedido ao Exército, à Marinha e à Aeronáutica, respectivamente, *Ofício nº 5787/MD, Ofício nº 5576/MD* e *Ofício nº 5788/MD*, todos de 16 maio 2013.
119 *Ofício nº 10-A2/GabCmtEx — EB: 64536.011341/2013-78*, 16 maio 2013.
120 *Ofício nº 60-138/MD-MB, 17 maio 2013*.
121 Ibid.

[122] Ibid.
[123] Ibid.
[124] *Ofício nº 1/SEGC/6871 — Comaer nº 67000.006405/2013--55*, 17 maio 2013.
[125] Decreto nº 79099 de 6 jan. 1977. Art. 36: "Quando houver transferência de custódia de documentos controlados, de uma pessoa para outra, lavrar-se-á um 'Termo de Transferência', em três vias, datado e assinado pelo antigo e novo detentores. A primeira via será remetida diretamente à repartição de controle, juntamente com um 'Inventário' atualizado; as demais ficarão, respectivamente, com o antigo e o novo detentor dos documentos".
[126] *Aviso nº 119/MD*, 17 maio 2013.
[127] *Ofício nº 1021/Gab-C. Civil/PR*, 20 maio 2013.
[128] *Ofício nº 60-138/MD-MB, de 17 maio 2013*, item 2: "Cabe mencionar que os registros constantes do Anexo já haviam sido transmitidos ao Ministério da Justiça, por meio do *Aviso nº 024/MM*, de 5 de fevereiro de 1993, e estão sendo encaminhados, presentemente, ao Arquivo Nacional, por meio do Ofício nº 60-137, de 17 de maio de 2013".
[129] Entrevista de José Paulo Cavalcanti Filho ao autor em julho de 2015.
[130] *Ofício nº 60-154/MD-MB*, comandante da Marinha almirante Julio Soares de Moura Neto, 29 maio 2013.
[131] São os casos de Alexandre José Ibsen Voerões, Ana Maria Nacinovic Corrêa, Antônio Raymundo Lucena, Ciro Flávio Salazar Oliveira, Eiraldo de Palha Freire, Gastone Lúcia de Carvalho Beltrão e Rui Osvaldo Aguiar Pfützenreuter, conforme a grafia de nomes utilizada no *Relatório* da CNV, v. III. Disponível em: <www.cnv.gov.br/

images/pdf/relatorio/volume_3_digital.pdf>. Acesso em: jul. 2015.

[132] Balanço feito em novembro de 2014. Versão eletrônica do *Relatório* da CNV, v. I, p. 64. Disponível em: <www.cnv.gov.br/images/pdf/relatorio/volume_1_digital.pdf>. Acesso em: jul. 2015.

[133] Versão eletrônica do *Relatório* da CNV, v. III, pp. 28-9. Disponível em: <www.cnv.gov.br/images/pdf/relatorio/volume_3_digital.pdf>. Acesso em: jul. 2015.

[134] Em julho de 2015, o vídeo com a íntegra da cerimônia de balanço de um ano da CNV estava disponível na internet: <youtube.com/watch?v=VcPRSGQVR08&list=PLhWY8l8K2BUMixb1BUGFCoZ9gTChICMPV&index=26>.

[135] Ver as reportagens da *Folha de S. Paulo*: <www1.folha.uol.com.br/poder/2013/05/1282258-marinha-mentiu-para-presidencia-ja-na-democracia-diz-comissao-da-verdade.shtml>, *O Globo:* <oglobo.globo.com/brasil/comissao-da-verdade-torturas-comecaram-em-1964-antes-do-ai-5-8451346>, *Veja On-Line:* <veja.abril.com.br/noticia/brasil/comissao-da-verdade-diz-que-marinha-ocultou-mortes-e-defende-revisao-da-lei-da-anistia/> e Agência Brasil: <www.ebc.com.br/noticias/brasil/2013/05/marinha-ocultou-da-presidencia-informacoes-sobre-mortes-na-ditadura-diz>.

[136] A pergunta dirigida a Rosa Cardoso e a resposta da comissária estão no trecho que começa em 1h 17m 19s do vídeo com a íntegra da cerimônia de balanço de um ano da CNV (ver nota 134).

[137] Carta dos professores José Murilo de Carvalho, Daniel Aarão Reis Filho e Ângela Maria de Castro Gomes ao

coordenador da CNV, José Carlos Dias, de 1º de outubro de 2015. Acervo: AA.

[138] Lucas Ferraz, "Comissão da verdade ignorou em relatório documentação inédita", *Folha de S.Paulo*, 22 fev. 2015.

[139] Ibid.

[140] Nas minhas pesquisas para a CNV, ouvi essa avaliação de quatro fontes que haviam atuado nas áreas de repressão e informações durante a ditadura.

[141] Entrevista do general Leônidas Pires Gonçalves ao autor em 2007.

[142] Para a posição do MPF, ver Marlon Alberto Weichert, "Arquivos secretos e direito à verdade".

[143] Mariana Joffily, "Direito à informação e direito à vida privada: os impasses em torno do acesso aos arquivos da ditadura militar brasileira", *Estudos Históricos*, v. 25, n. 49, jan.-jun. 2012. Disponível em: <www.scielo.br/scielo.php?pid=S0103-21862012000100009&script=sci_arttext>. Acesso em: jul. 2015.

FONTES

ACERVOS

AA Acervo do autor
AN Arquivo Nacional
APES Acervo pessoal Eumano Silva
APSKL Acervo pessoal Suzana Keniger Lisbôa
CPDOC/FGV/EG Arquivo Ernesto Geisel/CPDOC —Fundação Getulio Vargas
PR/UFMG/CIE/LF Projeto República/UFMG/CIE/Lucas Figueiredo
PR/UFMG/Cenimar/LR Projeto República/UFMG/Cenimar/Leonel Rocha

REFERÊNCIAS BIBLIOGRÁFICAS

ANTUNES, Priscila Carlos Brandão. *SNI & Abin: Uma leitura da atuação dos serviços secretos brasileiros ao longo do século XX*. Rio de Janeiro: Editora FGV, 2002.

_____. *Reinventando um serviço secreto para o Brasil*. Brasília: Centro de Estudos Hemisféricos de Defesa, 2002.

ARGOLO, José Amaral; TEIXEIRA, Kátia Maria Ribeiro; FORTUNATO, Luiz Alberto Machado. *A direita explosiva no Brasil*. Rio de Janeiro: Mauad, 1996.

ARQUIDIOCESE DE SÃO PAULO. *Brasil: nunca mais*. Rio de Janeiro: Vozes, 1985.

AUGUSTO, Agnaldo Del Nero; MACIEL, Lício; NASCIMENTO, José Conegundes do (Orgs.). *Orvil: tentativas de tomada do poder*. São Paulo: Schoba, 2012.

BAFFA, Ayrton. *Nos porões do SNI: O retrato do monstro de cabeça oca*. Rio de Janeiro: Objetiva, 1989.

CARLOS, Edson Maia. *Os serviços de inteligência: Origem, organização e métodos de atuação*. Rio de Janeiro: ESG, 1992.

CASTRO, Celso. *Os militares e a República: Um estudo sobre cultura e ação política*. Rio de Janeiro: Jorge Zahar, 1985.

CASTRO, Celso; D'ARAUJO, Maria Celina (Orgs.). *Militares e política na Nova República*. Rio de Janeiro: Editora FGV, 2001.

_____. (Orgs.). *Dossiê Geisel*. Rio de Janeiro: Editora FGV, 2002.

COMISSÃO NACIONAL DA VERDADE. *Relatório*. Brasília: Comissão Nacional da Verdade, 2014. 3 v. Versão eletrônica. Disponível em: <www.cnv.gov.br>. Acesso em: jul. 2015.

COSTA, Cláudio Luiz Gabriel. *Origens, organizações e métodos de atuação dos principais órgãos de inteligência*. Rio de Janeiro: ESG, 1991.

COUTO, Ronaldo Costa. *Tancredo vivo, casos e ocaso*. Rio de Janeiro: Record, 1995.

_____. *História indiscreta da ditadura e da abertura: Brasil: 1964-1985*. Rio de Janeiro: Record, 1998.

D'ARAUJO, Maria Celina; CASTRO, Celso (Orgs.). *Visões do golpe: A memória militar sobre 1964*. Rio de Janeiro: Relume-Dumará, 1994.

D'ARAUJO, Maria Celina; SOARES, Gláucio Ary Dillon; CASTRO, Celso (Orgs.). *Os anos de chumbo*: A memória militar sobre a repressão. Rio de Janeiro: Relume-Dumará, 1994.

_____. (Orgs.). *21 anos de regime militar*: Balanços e perspectivas. Rio de Janeiro: Editora FGV, 1994.

_____. (Orgs.). *A volta aos quartéis*: A memória militar sobre a abertura. Rio de Janeiro: Relume-Dumará, 1995.

DIREITO *à memória e à verdade: Comissão Especial sobre Mortos e Desaparecidos Políticos*. Brasília: Secretaria Especial dos Direitos Humanos da Presidência da República, 2007.

FICO, Carlos. *Como eles agiam: Os subterrâneos da ditadura militar: espionagem e polícia política*. Rio de Janeiro: Record, 2001.

FIGUEIREDO, Lucas. *Ministério do silêncio*: A história do serviço secreto brasileiro de Washington Luís a Lula (1927-2005). Rio de Janeiro: Record, 2005.

_____. *Olho por olho: Os livros secretos da ditadura*. Rio de Janeiro: Record, 2009.

GASPARI, Elio. *A ditadura envergonhada*. São Paulo: Companhia das Letras, 2002.

_____. *A ditadura escancarada*. São Paulo: Companhia das Letras, 2002.

_____. *A ditadura derrotada*. São Paulo: Companhia das Letras, 2003.

_____. *A ditadura encurralada*. São Paulo: Companhia das Letras, 2004.

JORDÃO, Fernando Pacheco. *Dossiê Herzog*. São Paulo: Global, 1979.

LAGÔA, Ana. *SNI: como nasceu, como funciona*. São Paulo: Brasiliense, 1983.

MIRANDA, Nilmário; TIBÚRCIO, Carlos. *Dos filhos deste solo: Mortos e desaparecidos políticos durante a ditadura militar: a responsabilidade do Estado*. São Paulo: Editora Fundação Perseu Abramo; Boitempo, 1999.

MORAIS, Tais; SILVA, Eumano. *Operação Araguaia: Os arquivos secretos da guerrilha*. São Paulo: Geração Editorial, 2005.

NUNES, Augusto. *Tancredo*. São Paulo: Nova Cultural, 1988.

PARANÁ, Denise. *Lula, o filho do Brasil*. São Paulo: Editora Fundação Perseu Abramo, 2003.

PINTO, António Costa; MARTINHO, Francisco Carlos Palomanes (Orgs.). *O passado que não passa: A sombra das ditaduras na Europa do Sul e na América Latina*. Rio de Janeiro: Civilização Brasileira, 2013.

PINTO, Paulo de Bonoso Duarte. *A comunidade de informações no Brasil*. Rio de Janeiro: ESG, 1968.

PORTELA, Fernando. *Guerra de guerrilhas no Brasil*. São Paulo: Parma, 1979.

QUADRAT, Samantha Viz. *Poder e informação: O sistema de inteligência e o regime militar no Brasil*. Rio de Janeiro: UFRJ/PPGHIS, 2000.

RIBEIRO, José Augusto. *Tancredo Neves: a noite do destino*. Rio de Janeiro: Civilização Brasileira, 2015.

RIZZO, Eliézer et al. *As Forças Armadas no Brasil*. Rio de Janeiro: Espaço e Tempo, 1987.

SILVA, Hélio; CARNEIRO, Maria Cecília Ribas. *Os governos militares: 1969-1974*. São Paulo: Editora Três, 1975.

STEPAN, Alfred. *Os militares: da abertura à Nova República*.

Rio de Janeiro: Paz e Terra, 1986.

STUDART, Hugo. *A lei da selva: Estratégias, imaginário e discurso dos militares sobre a Guerrilha do Araguaia*. São Paulo: Geração Editorial, 2006.

ZAVERUCHA, Jorge. *Frágil democracia: Collor, Itamar, FHC e os militares (1990-1998)*. Rio de Janeiro: Civilização Brasileira, 2000.

_____. *Rumor de sabres: Tutela militar ou controle civil?*. São Paulo: Ática, 1994.

WEICHERT, Marlon Alberto. "Arquivos secretos e direito à verdade." In: SANTOS, Cecília MacDowell; TELLES, Edson; TELLES, Janaína de Almeida. *Desarquivando a ditadura: Memória e justiça no Brasil*. São Paulo: Hucitec, 2009. v. 2.

AGRADECIMENTOS

Este livro existe graças a muitas pessoas. Baltazar Oliveira, Criméia Alice Schmidt de Almeida, José Paulo Cavalcanti Filho, Leônidas Pires Gonçalves (*in memoriam*), Marida Toledo de Oliveira, Maurício Corrêa (*in memoriam*), Nella Oliveira Menin, Paulo Vannuchi, Sônia Haas, Suzana Keniger Lisbôa e Zenildo Lucena concederam-me entrevistas fundamentais. Eumano Silva, Hugo Studart, Leonel Rocha e Leonêncio Nossa, repórteres admiráveis, foram parceiros de caminhada. Edson Martins, Flavio Moura, Heloisa M. Starling e Otávio Marques da Costa se mostraram conselheiros atentos e pacientes, corrigindo e melhorando o texto. Danilo Araújo Marques, Maria Cecília Vieira de Carvalho, Rafael da Cruz Alves e Wilkie Buzatti Antunes, historiadores rigorosos do Projeto República, ajudaram-me nas pesquisas. Mariana Berutto, como sempre, foi meu esteio. Neuza Candida da Trindade esteve ágil e eficiente na retaguarda. Há muitos outros colaboradores cujos nomes deixo de mencionar para preservá-los. A todos, minha gratidão.

1
Documento do serviço
secreto da Marinha de 1970.
Vigiar para punir: o Cenimar
trabalhava para fazer de todo
servidor da força naval um
possível informante.

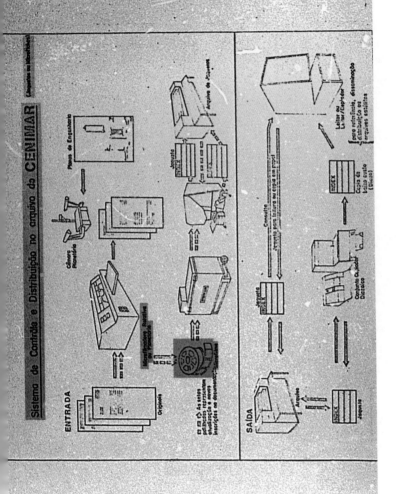

2
Em 1972, o Cenimar criou um setor de microfilmagem dedicado exclusivamente a miniaturizar documentos de seu acervo sigiloso. Um manual interno, produzido naquele ano, mostra como funcionava o sistema.

3

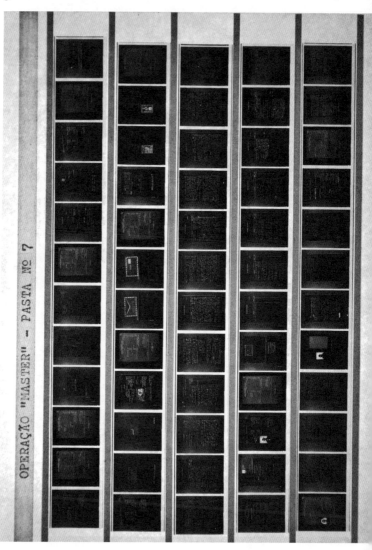

3
Muita informação em pouco espaço: entre 1972 e 1973, o serviço secreto da Marinha microfilmou mais de 1 milhão de páginas de documentos com carimbos "reservado", "confidencial", secreto" e "ultrassecreto". Cada página tinha o tamanho de uma unha, e o acervo inteiro cabia dentro de oito caixas de sapato.

SECRETO

MINISTÉRIO DA MARINHA
CENTRO DE INFORMAÇÕES DA MARINHA
JR/AR   DIVISÃO DE REGISTRO

RIO DE JANEIRO, GB.;
Em   de março de 1974.

Do: Encarregado da Divisão de Registro
Ao: Sr. Diretor
Assunto: Situação atual dos trabalhos.
Anexos: A) - Cópia XEROX de Gráfico - Produção de Documen-
             tos Microfilmados - 1972 e 1973;
         B) - Cópia XEROX de Resumo Geral da Microfilmagem -
             pelo CIM/RIG - até a presente data: 31/12/73;
         C) - Cópia XEROX do Sistema de Controle e Distribui
             ção no Arquivo do CENIMAR - (Jaquetas ou Micro
             fichas); e
         D) - Cópia XEROX de Controle do Arquivo para Mapas,
             Plantas e Diagramas - (Jaquetas ou Microfichas).

1. Levo ao conhecimento de V. Sa. que está em pleno desenvolvimento, a "OPERAÇÃO NETUNO", isto é, a microfilmagem da documentação dinâmica do CENIMAR, em paralelo àquela dedicada a Documentação antiga.

Deflagrada a 12/NOV/73, por seu intermédio, já foi conseguido obter grandes progressos, entre outros, não só a redução do espaço ocupado, mas também a segurança do nosso arquivo, já que Brasília está com as cópias dos microfilmes. Entretanto, muitos reajustes têm que ser feitos (02 até agora já foram introduzidos na idéia original), para tornar mais flexível o sistema no atendimento aos analistas. Isto só se conseguirá com tempo e paciência, mas, posso garantir que estamos no caminho certo. Pelo que tenho visto nos diversos cursos, seminários e conferências de que tenho participado, conseguimos "O PULO DO GATO", isto é, com o que temos disponível adquirimos forte "KNOW HOW" deixando de lado as grandes sofisticações que às vezes não lançadas pelos vendedores, e, que nada adiantam na prática, por um processo simples, mas que funciona realmente. Órgãos similares e a própria Polícia Federal / não conseguiram ultrapassar esta barreira, evidentemente, não por incapacidade, mas, por recorrerem a processos muito requintados / não atendendo ao fim desejável.

- 01 -   - (Continua) -

4
Documento de 1974 mostra a euforia do Cenimar com as vantagens obtidas com a miniaturização de seu acervo: "Brasília está com as cópias dos microfilmes".

MINISTÉRIO DA MARINHA
CENTRO DE INFORMAÇÕES DA MARINHA
SEÇÃO DE MICROFILMAGEM

ESTATÍSTICA NOMINAL DA EVOLUÇÃO DA MICROFILMAGEM - 1972

Ord.	TIPO DE DOCUMENTAÇÃO MICROFILMADA	Data	Nº do Rôlo	Nº de Fotogr.	Totais Fotogr.
	PRONTUÁRIOS DE PESSOAS MORTAS				
1	CARLOS MARIGHELLA	21/06/72	0001	1.860	1.860
2	CARLOS LAMARCA	22/06/72	0002	1.800	3.660
3	ARTUR DA COSTA E SILVA	26/06/72	0003	1.800	5.460
4	EDUARDO LEITE				
5	DEVANIR JOSE DE CARVALHO } 3	29/06/72	0004	1.812	7.272
6	JOÃO DOMINGOS DA SILVA				
•	Operações Avulsas (COMUNISTAS SEÇÃO SÃO PAULO)	28/6/72	0005	5.783	13.055
7	JOAQUIM CÂMARA FERREIRA				
8	ADEMAR PEREIRA DE BARROS } 3	03/07/72	0006	1.801	14.856
9	IARA IAVELBERG				
10	HUMBERTO DE ALENCAR CASTELO BRANCO				
11	OLÍMPIO MOURÃO FILHO				
12	MARCOS ANTONIO DA SILVA LIMA } 5	05/07/72	0007	1.800	16.656
13	JUAREZ GUIMARÃES BRITO				
14	ANTONIO ROBERTO ESPINOSA				
15	CARLOS ROBERTO ZANIRATTO				
16	CARLOS EDUARDO PIRES FLEURY				
17	DIMAS ANTONIO CASSEMIRO				
18	ALDO DE SÁ BRITO SOUZA NETO				
19	RAIMUNDO GONÇALVES DE FIGUEIREDO } 10	07/07/72	0008	1.801	18.457
20	ANTONIO SERGIO DE MATTOS				
21	ALEX DE PAULA XAVIER PEREIRA				
22	FLÁVIO MOLINA CARVALHO				
23	FRANCISCO JOSÉ DE OLIVEIRA				
24	FREDERICO EDUARDO MAYR				
25	ARNO PREISS				
26	ALEXANDER JOSÉ VOERDSY IBSEN				
27	CHAEL CHARLES SCHREIER				
28	CARLOS ALBERTO MACIEL CARDOSO				
29	MILTON SOARES CAMPOS				
30	JOSE VICENTE DE FARIA LIMA				
31	EREMIAS DELIZOICOV				
32	LAURIBERTO JOSÉ REYES				
33	MARCOS NONATO DA FONSECA } 17	12/07/72	0009	1.801	20.258
34	ADERVAL ALVES COQUEIRO				
35	JOÃO CAFE FILHO				
36	AYLTON ADALBERTO MORTATI				
37	DENIS ANTONIO CASSEMIRO				
38	MARILENA VILLAS BOAS PINTO				
39	ALCERI MARIA GOMES DA SILVA				
40	LUIZ EDUARDO DA ROCHA MERLINO				
41	ANA MARIA NACINOVIC CORRÊA				
42	LUIZ ANTONIO SANTA BARBARA				
43	HELCIO PEREIRA FORTES				
44	JOSE MILTON BARBOSA				
45	GASTONE LUCIA DE CARVALHO BELTRÃO } 8	13/07/72	0010	1.802	22.060
46	SEVERINO VIANA CALOU				
47	JOSE RAIMUNDO DA COSTA				
48	HIROAKI TORIGOI				
49	JOÃO LUCAS ALVES				

5
Memória apagada: em 1972, o Cenimar microfilmou 32 938 páginas de "prontuários de pessoas mortas". Nos anos seguintes, porém, a Marinha seguiria negando ter informações sobre óbitos que constavam da relação.

RESUMO GERAL DA MICROFILMAGEM EFETUADA PELO CIEX/RIO
ATÉ A PRESENTE DATA: 31 / 12 / 1973

ASSUNTOS MICROFILMADOS	Nºs DE RÔLOS	Nºs DE FOTOGRAMAS	Nºs DE PRONTUÁRIOS
1 - MORTOS	22	42.777	389
2 - P. AVULSOS	20	52.527	39
3 - ENTIDADES	75	187.471	1.232
4 - AGENTES	23	45.701	273
5 - REMISSÁRIOS	53	133.496	9.352
6 - COLETIVOS	4	12.590	42
7 - OPERAÇÕES	3	4.046	7
8 - OP. AVULSAS	35	30.985	-
9 - FICHAS	48	690.875	8
10 - SISTEMA NOVO	7	12.762	-
TOTAIS:	290	1.213.230	11.342

6
Documento de 1974 mostra que, em apenas dois anos (1972-3), o serviço secreto da Marinha microfilmou 1 213 230 páginas de documentos de seu arquivo, incluindo 42 777 páginas com dados sobre "mortos".

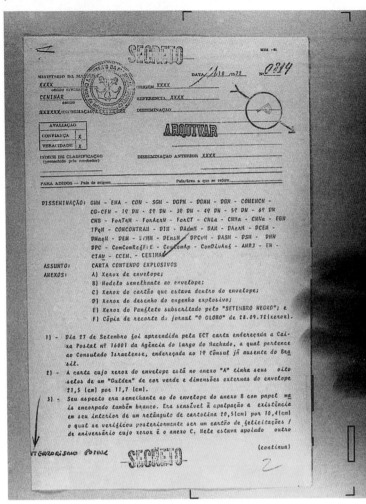

7
Rastros da ocultação:
um dos encarregados de
microfilmar o arquivo do
Cenimar, o agente *ALP* acabou
involuntariamente deixando
a imagem de sua mão gravada
em um dos documentos
miniaturizados em 1972.

```
I M A G E M   D E   E N C E R R A M E N T O

              MINISTÉRIO DA MARINHA
         CENTRO DE INFORMAÇÕES DA MARINHA
              SEÇÃO DE MICROFILMAGEM


                              Término da Microfilmagem  17 / 7 / 1973
```

FILME Nº S/Nº			
Nº DE DOCUMENTOS 98		NUMERADOS DE	NÃO FORAM NUMERADOS
FILME TIPO	UNIDADE FILMADORA	REDUÇÃO	OPERADOR
FINE GRAIN	RV-2	30	ALP

RESUMO DO FILME - OPERAÇÃO AVULSA -

OPERAÇÃO "R E G I S T R O"

SECRETO

TÊRMO DE ENCERRAMENTO

Atesto que a microfilmagem da documentação constante dêste filme foi executada obedecidas as normas técnicas exigidas pelo Decreto nº 64.398 de 24/4/1969 que asseguram a fiel reprodução daqueles documentos na sua integridade, inclusive para efeito de prova em Juízo ou fora dêle.

CENTRO DE INFORMAÇÕES DA MARINHA - Seção de Microfilmagem

F I M

8
No início da década de 1970, a Marinha tinha ciência de que ao trocar o suporte de seu arquivo de um meio perecível (papel) para um perene (microfilme) estava também preservando provas judiciais.

9 a, b, c
A pedido da CNV, uma equipe formada por três dos historiadores mais reputados do país examinou os microfilmes do Cenimar que sobrevieram à operação limpeza das Forças Armadas e concluiu que o material era "evidência cabal da existência de um vasto acervo documental inédito, até agora desconhecido em sua quase totalidade, de extrema importância".

COMISSÃO DE HISTORIADORES

RELATÓRIO

Convidados pelo coordenador da Comissão Nacional da Verdade, Dr. Paulo Sérgio Pinheiro, reuniram-se na Faculdade de Filosofia da Universidade Federal de Minas Gerais, no dia 24 de abril de 2013, às 11h da manhã, os historiadores Ângela Maria de Castro Gomes, Daniel Aarão Reis e José Murilo de Carvalho para, em Comissão, examinar um conjunto documental produzido pelo Centro de Informações da Marinha (CENIMAR) e Centro de Informações do Exército (CIE), apresentado pela assessora da Comissão Nacional da Verdade, Professora Titular da UFMG, Heloísa Maria Murgel Starling.

No referido conjunto, o grosso da documentação é de produção do CENIMAR, formada por 2.765 fotogramas (16mm), acondicionados em 61 cartelas de plástico, denominadas jaquetas, próprias ao armazenamento de microfilmes. A Comissão pôde examinar parte do acervo, composto de documentos classificados pelo CENIMAR e CIE como sigilosos, confidenciais, secretos e ultrassecretos, microfilmados entre os anos de 1972 e 1974.

Pelas características físicas do suporte documental (microfilme, jaqueta), pelas técnicas de reprodução dos documentos, descritas na própria documentação microfilmada; pelo nome e assinatura do responsável pela produção do acervo documental examinado relativo ao CENIMAR e pelos carimbos utilizados, a Comissão concluiu que são fortíssimos os indícios de autenticidade da documentação examinada.

Entre os documentos analisados, a Comissão considerou de máxima importância os relatórios assinados pelo Encarregado da Divisão de Registros do CENIMAR, capitão de corveta, Ronaldo Velloso Netto dos Reys, responsável pelo projeto, nomeado Netuno, de microfilmagem sistemática da documentação que, segundo ele próprio, devia ser preservada "para efeito de prova em juízo ou fora dele".[1] Tal preservação se referia não apenas à

---

[1] CENTRO DE INFORMAÇÕES DA MARINHA. Relatório Anual e Estatística da Divisão de Registro em 1972. 17 de julho de 1973.

manutenção da documentação no CENIMAR, como igualmente ao envio de cópia de segurança a Brasília.

Segundo o documento intitulado: "Situação dos trabalhos", datado de 21 de março de 1974, e assinado pelo mesmo Encarregado da Divisão de Registros do CENIMAR, até 31 de dezembro de 1973, as atividades de microfilmagem alcançavam 1.213.230 fotogramas, referentes a dez "assuntos", incluindo, entre outros, "mortos", "agentes" e "operações", segundo classificação da própria Divisão.[2] O dado é prova contundente da existência de uma vasta documentação que deverá ser de inestimável relevância para esclarecimento de assuntos pertinentes ao objetivo central da Comissão Nacional da Verdade.

Além dos relatórios do Encarregado da Divisão de Registro, a Comissão considerou de particular importância outros documentos:

1. O anexo "G" do "Relatório Anual e Estatística da Divisão de Registro em 1972", referente aos "Prontuários de pessoas mortas", onde constam nomes de indivíduos considerados até abril de 2013 como desaparecidos.

2. Os documentos das Operações avulsas: Código "Asterix", "Urubu" e "Supermercado", que fornecem os códigos utilizados para cifrar as mensagens entre a base no Rio de Janeiro e Brasília, durante a operação de repressão à Guerrilha do Araguaia. É do conhecimento da Comissão que o Arquivo Nacional possui documentos relativos a estas operações que poderiam, mediante estes códigos, serem decifrados.

3. O "Ofício nº 0034 (ultrassecreto), de 22/01/1970, do Centro de Informações da Marinha ao MM via CEMA" (anexos "A", "B" e "C"), relevante por oferecer uma detalhada descrição da reorganização do sistema de informação e repressão que resultou na constituição do Centro de Operação e Defesa Interna (CODI), com explicitação em gráficos da cadeia de comando que o conectava diretamente aos ministros militares.

A Comissão concluiu que a documentação examinada constitui evidência cabal da existência de um vasto acervo documental inédito, até agora desconhecido

---
[2] CENTRO DE INFORMAÇÕES DA MARINHA. Situação atual dos trabalhos. 21 de março de 1974.

em sua quase totalidade, de extrema importância, não só para a Comissão Nacional da Verdade, como de valor histórico inestimável para a sociedade brasileira.

Belo Horizonte, 24 de abril de 2013,

Ângela Maria de Castro Gomes
Professora Titular da Universidade Federal Fluminense

Daniel Aarão Reis
Professor Titular da Universidade Federal Fluminense

José Murilo de Carvalho
Professor Emérito da Universidade Federal do Rio de Janeiro

|SECRETO|

-01/12-

SERVIÇO NACIONAL DE INFORMAÇÕES
AGÊNCIA CENTRAL

"PROJETO SNI"

Data   : 06 de setembro de 1989
Assunto   : Estratégia para a implementação dos aperfeiçoamentos
             da **Finalidade** do SNI.
Referência: a) Diretriz "Projeto SNI".
            b) Relatório de conclusão da 1ª fase do"Projeto SNI".
Anexos   : A) Documento básico do Ministro-Chefe do SNI, contendo as metas e providências do "Projeto SNI".
             B) Proposta para a realização de ciclos de   palestras e debates sobre o "Projeto SNI" e sobre   eventos já programados na EsNI.
             C) Orientação para a utilização da revista   **Coletânea L** no contexto do "Projeto SNI".
             D) Portaria do Ministro-Chefe do SNI, determinando a realização do ESI.
             E) Diretriz do Chefe da AC, orientando a   atuação do representante do SNI na COMIEM.
             F) Diretriz do Chefe da AC, estabelecendo as   bases para o funcionamento da COMIEX.
             G) Diretriz do Ministro-Chefe do SNI, redirecionando cursos, estágios e outras atividades escolares   da EsNI.

10, 11
Meses antes da posse de Fernando Collor na Presidência, em 1990, o SNI decidiu destruir prontuários biográficos que no futuro poderiam causar problemas "políticos e jurídicos". Documentos de outra natureza foram preservados.

SECRETO

-09/12-

Essa providência pode ser efetivada através da expedição de uma Portaria do Ministro-Chefe do SNI, conforme o modelo Anexo D.

j) Interrupção da atual sistemática de elaboração de Informações biográficas.

Implantação de uma nova sistemática de trabalho, na qual as Informações biográficas deverão restringir-se a pessoas enquadradas na **Finalidade** ora proposta para o SNI, a seus integrantes, a candidatos a ingresso no Órgão e a pessoas que interessem ao Órgão contactar.

Uma avaliação preliminar, efetuada pelo GT em ligação com a chefia da Divisão de Informações Biográficas (DIB), indicou que a operacionalização dessa medida deverá ocorrer gradualmente, tendo em vista que grande parte dos arquivos existentes ainda não está "implantada".

A DIB, em colaboração com o GT, está, no momento, executando um estudo para que, caso seja determinado pela chefia do Serviço, a sistemática proposta possa ser implantada com segurança e objetividade. Tal estudo deverá estar concluído no dia 13 set. 1989.

O GT é de parecer que a implantação do arquivo ainda existente na DIB deve-se restringir ao material que se enquadre na Finalidade proposta; o acervo restante — analisada a questão em seus aspectos múltiplos, principalmente políticos e jurídicos — deve ser destruído.

Quanto aos registros já "implantados", idêntico procedimento deve ser gradualmente adotado, o que torna conveniente a revisão dos preceitos atualmente vigentes para a revalidação do material em arquivo.

CRON	PROCEDÊNCIA	GAB/SNI			N.º PROT.	DATA PROT.
	ESPÉCIE	N.º DOCUMENTO	DATA	N.º DO EXEMP.	0165	010390
1	AVISO Nº 033/GAB, de 23 FEV 90.				GRAU SIGILO SECRETO.	

ASSUNTO:— Solicita providências no sentido de ser destruído, por ter sido revogado, o exemplar e seus anexos, do doc de que trata a cópia do Aviso em anexo.

ANEXOS:— Cópia do Aviso nº 520/SI/GAB, de 17/12/1973, dirigido ao EMFA remetendo o Exemplar nº 03 do PLANO NACIONAL DE INFORMAÇÕES (atualização), aprovado pelo Dec nº 73.284, de 10 Dez 73, do Exmº Sr Pres Rep.

DESTINO	DATA	RECIBO	DESTINO	DATA	RECIBO
Assist SC/2	01/03 90				

Obs.

CRON	PROCEDÊNCIA SUBCHEFIA DE AERONÁUTICA DO EMFA				N.º PROT. 326	DATA PROT. 17.5.72
	ESPÉCIE	N.º DOCUMENTO	DATA	N.º DO EXEMP.	GRAU SIGILO	
1	PARTE Nº 001 SUBAER, de 16.05.72				RESERVADO	

ASSUNTO:— Destruição de documentos.

ANEXOS:— Termo de Destruição de Documentos Sigilosos.

DESTINO	DATA	RECIBO	DESTINO	DATA	RECIBO
D1-SEC	19.5.72				

Obs.

12, 13, 14
Terminada a ditadura, as Forças Armadas passaram a alegar que documentos da repressão haviam sido destruídos legalmente, mas em época incerta e sem deixar registros. Fichas do EMFA mostram o contrário: quando acontecia de forma regular, a destruição deixava rastros.

CRON	PROCEDÊNCIA EMFA	FA-21			N.º PROT. 0534	DATA PROT. 06 05 81
1	ESPÉCIE N.º DOCUMENTO DATA N.º DO EXEMP. TERMO DE DESTRUIÇÃO Nº 02/81				GRAU SIGILO SECRETO	
	ASSUNTO:- Destruição de documentos sigilosos nao controlados					

ANEXOS:- Uma relação dos documentos incinerados, com seis folhas

DESTINO	DATA	RECIBO	DESTINO	DATA	RECIBO
D1-sedt	060681				

Obs.

15, 16a, 16b
No governo Lula, Nelson Jobim (Defesa), defendeu perante a colega Dilma Rousseff (Casa Civil) que as Forças Armadas haviam destruído documentos de forma regular. Quatro anos depois, já presidente, Dilma manteria Jobim no Ministério da Defesa.

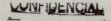

00092.000284/2012-02

Aviso nº 195 /MD

Brasília, 5 de março de 2010.

A Sua Excelência a Senhora
DILMA VANA ROUSSEFF
Ministra de Estado Chefe da Casa Civil da Presidência da República

Assunto: Apuração sobre irregularidades na destruição de documentos públicos do período de 1964 a 1990

Senhora Ministra,

1. Em aditamento ao Aviso nº 413/MD, de 6 de novembro de 2008, encaminho a Vossa Excelência as cópias dos relatórios das Forças Armadas tratando do procedimento investigatório instaurado para apurar a irregularidade na destruição de documentos públicos do período de 1964 a 1990. Informo, ainda, que essas cópias forma encaminhadas ao Procurador-Geral da República, por meio do Aviso nº 369/MD, de 9 de junho de 2009.

2. À luz das conclusões contidas nos relatórios acima referidos, e em cotejo com a legislação então vigente, cabe prestar os seguintes esclarecimentos.

SALVAGUARDA DE INFORMAÇÕES SIGILOSAS

3. No período de 1964 a 1990, o controle e a salvaguarda de informações sigilosas foi disciplinada por três normativos distintos, a saber: Decreto nº 27.583/1949, Decreto nº 60.417/67 e Decreto nº 79.099/77. Abaixo, serão analisadas as principais características de tais regulamentos, com particular atenção às normas que regiam a destruição de documentos.

DECRETO Nº 27.583/1949

4. O Decreto nº 27.583/1949, que aprovou o "Regulamento para a Salvaguarda das Informações que interessam à Segurança Nacional", foi a primeira norma a tratar do controle de documentos sigilosos no Brasil. Tal regulamento criava quatro graus ou categorias de sigilo: "ultra-secreto", "secreto", "confidencial" e "reservado".[1]

---

[1] Anexo ao Decreto nº 27.583/49, Art. 4º: *Todo assunto oficial que requer sigilo deve ser classificado em uma das categorias: Ultra-secreto, secreto, confidencial e reservado. Ultra-secreto é gradação dada a matéria secreta espacial.*

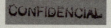

31.   Ademais, não se disciplinava de forma específica a eventual eliminação dos próprios termos de destruição, o que dependia do grau de sigilo e de controle estabelecido para estes documentos.

32.   Por fim, verificou-se que a legislação então vigente não contemplava uma política uniforme para a gestão de arquivos públicos, o que somente veio ocorrer com o advento da Lei nº 8.159, de 8 de janeiro de 1991.

33.   Ante o exposto, conclui-se que os procedimentos de destruição de documentos conduzidos no âmbito das Forças Armadas, e descritos nos relatórios anexos, apresentam consonância com a legislação vigente à época, não se vislumbrando neles quaisquer irregularidades.

34.   Prestadas tais informações, fico à disposição para quaisquer esclarecimentos adicionais sobre o tema.

Atenciosamente,

NELSON A. JOBIM
Ministro de Estado da Defesa

17a, b

PRESIDÊNCIA DA REPÚBLICA
CONSELHO DE SEGURANÇA NACIONAL
SECRETARIA-GERAL

FICHA DE INFORMAÇÕES

Período de ... 1º. JUL .... a .. 31 DEZ 69 ....
Referente a o TenCel(2G-112.805)-ART- ENIO MARTINS SENNA   26 DEZ 69
            (Posto)(Nº de identificação)(Arma)(Nome)   Data

I - CARGOS DESEMPENHADOS (no Período)

- De 1º JUL a 31 DEZ 69 - ASSESSOR-CHEFE DA SUBCHEFIA DE ASSUNTOS ECONÔMI-
                         COS DA SECRETARIA-GERAL DO CONSELHO DE SEGURANÇA
                         NACIONAL

II - QUALIDADES PESSOAIS E FUNCIONAIS	CONCEITO (E,MB,B,R,I)	NÃO OBSERVADO (NO)
A - CARÁTER (Manifestações atinentes à personalidade)		
1. Lealdade e amor à verdade.........	E	—
2. Noção de responsabilidade.........	E	—
3. Comportamento em face das situações.............................	E	—
4. Energia e perseverança...........	E	—

_____   _____
    (Local e data)   (General, Cmt ou Chefe)

17 a, b
Preservação seletiva: nos atuais acervos públicos da ditadura, sobram documentos irrelevantes, como a avaliação da ficha funcional de um militar, assinada em 1970 pelo futuro presidente João Figueiredo, mas são raros os registros que tratam de prisão de desaparecidos políticos ou de ações de terrorismo gestadas dentro do estado.

18
Leônidas Pires Gonçalves, ministro do Exército no governo Sarney, o primeiro do pós-ditadura. Dezessete anos após deixar o cargo, o general revelou que a força terrestre não destruíra seus arquivos: "Foram queimados coisa nenhuma".

CRÉDITOS DAS IMAGENS

1 Reestruturação da comunidade setorial de informação, Ministério da Marinha, 1970. Secreto. 60 pp. Acervo: Projeto República/UFMG/CENIMAR/Lucas Figueiredo.
2 Relatório sucinto das atividades do CENIMAR, mar./1974. Separata da Divisão de Registro assinada pelo capitão de corveta Ronaldo Velloso Netto dos Reis. Ministério da Marinha. Secreto. 6 pp. Acervo: Projeto República/UFMG/CENIMAR/Lucas Figueiredo.
3 Operação "Master", pasta nº 7, tiras de microfilme de sais de prata, negativo, 16 mm. Acervo: Projeto República/UFMG/CENIMAR. Foto: Wilkie Buzatti/Danilo Marques.
4 Relatório sucinto das atividades do CENIMAR, mar./1974. Separata da Divisão de Registro assinada pelo capitão de corveta Ronaldo Velloso Netto dos Reis. Ministério da Marinha. Secreto. 6 pp. Acervo: Projeto República/UFMG/CENIMAR/Lucas Figueiredo.
5 Relatório anual e estatística da Divisão de Registro em 1972, Operação Registro, CENIMAR, Ministério da Marinha. Sem classificação. 51 pp. Acervo: Projeto República/UFMG/CENIMAR/Lucas Figueiredo.
6 Relatório sucinto das atividades do CENIMAR, mar./1974. Separata da Divisão de Registro assinada pelo ca-

pitão de corveta Ronaldo Velloso Netto dos Reis. Ministério da Marinha. Secreto. 6 pp. Acervo: Projeto República/UFMG/CENIMAR/Lucas Figueiredo.

7 Operação Terrorismo Postal, 1972, CENIMAR, Ministério da Marinha. Secreto. 60 pp. Acervo: Projeto República/UFMG/CENIMAR/Lucas Figueiredo.

8 Termo de microfilmagem das Operações "Códigos", Ministério da Marinha, CENIMAR, Seção de Microfilmagem, 26 de julho de 1973. Secreto. 27 pp. Acervo: Projeto República/UFMG/CENIMAR.

9a, b, c Parecer da Comissão de Historiadores, UFMG, 24 de abril de 2013. Acervo: Projeto República/UFMG

10, 11 Projeto SNI - Relatório da 2ª fase, 1ª parte, de 6 de setembro de 1989. SNI/Agência Central. Secreto. 12 pp. Acervo: Projeto República/UFMG/CIE/Lucas Figueiredo.

12 Ficha para solicitação de destruição de documentos, Fichas de protocolos (1957-1990), SNI, 1990. Secreto. Acervo: Projeto República/UFMG/CENIMAR/Lucas Figueiredo.

13 Termo de destruição de documentos sigilosos, Subchefia de Aeronáutica do Estado-Maior das Forças Armadas, Fichas de protocolos (1957-1990), EMFA, 1972. Reservado. Acervo: Projeto República/UFMG/CENIMAR/Lucas Figueiredo.

14 Termo de destruição de documentos sigilosos não controlados, Estado-Maior das Forças Armadas, Fichas de protocolos (1957-1990), EMAER, 1986. Secreto. Acervo: Projeto República/UFMG/CENIMAR/Lucas Figueiredo.

15 Bloomberg/ Getty Images

16a, b Aviso nº 195. Apuração sobre irregularidades na destruição de documentos sigilosos públicos no período de 1964 a 1990. Ofício assinado pelo Ministro de Estado da Defesa Nelson Jobim e encaminhado à Ministra de Estado Chefe da Casa Civil da Presidência da República Dilma Vana Rousseff, 05 de março de 2010. Confidencial. Acervo: Lucas Figueiredo.

17a, b Documentação de oficiais incluídos no QA. Conselho de Segurança Nacional, Secretaria Geral, 1970. Reservado. Acervo: Arquivo Nacional

18 Orlando Brito/Abril Comunicações S/A

ÍNDICE REMISSIVO

Abin (Agência Brasileira de Inteligência), 78-9
Academia Brasileira de Letras (ABL), 114
Academia Diplomática de Viena, 110
Adur, Jorge Oscar, 144
Advocacia Geral da União (AGU), 75, 77-8
Aeronáutica, 15-7, 20, 29, 34, 39, 42-4, 52, 57-8, 60, 62, 65, 69, 74-5, 95, 103, 109, 116, 118-21, 124, 127; *ver também* força aérea
Aeroporto Santos-Dumont, 120
Agência Central do SNI, 44, 54
AI-1 *ver* Ato Institucional nº 1 (1964)
AI-5 *ver* Ato Institucional nº 5 (1968)
Alagoas, 51, 54
Alcântara, Abelardo Rausch de, 133
Alemanha, 23, 67
Allende, Salvador, 26
Almeida, Criméia Alice Schmidt de, 90
Almeida, José Ferreira de, 144
Almeida, José Roberto Arantes de, 145
Almeida, Nelson José de, 149
ALN (Ação Libertadora Nacional), 31, 33, 113
ALP (agente do Cenimar), 45

Alsácia e Lorena, 23
Alto-Comando das Forças Armadas, 18, 83, 108
Alves, Anatália de Souza Melo, 134
Alves, Antônio Carlos Silveira, 135
Alves, João Lucas, 143, 165n
Amazônia *ver* selva amazônica; Transamazônica
América Latina, 105, 132
Amorim, Celso, 110-1, 118, 120
Andrade Netto, José Maximino de, 145
Anistia *ver* Lei da Anistia (1979)
Anselmo, cabo *ver* Santos, José Anselmo dos, cabo
Araguaia, Guerrilha do, 13, 26, 31, 35, 40, 60-1, 65, 72, 75, 77, 79, 81-8, 93-5, 97, 107, 123
Aranha Filho, Idalísio Soares, 35, 85, 142, 159n, 166n
Araújo, João Mendes, 143
Araújo, José Júlio de, 144
Araújo, José Maria Ferreira de, 145
Araújo, Luiz Almeida, 146, 159n
Araújo, Merival, 149
Araújo, Pedro Inácio de, 150
Argentina, 105, 176n
Arquidiocese de São Paulo, 82
Arquivo Comunismo do Cenimar, 21
Arquivo Especial do Cenimar, 21
Arquivo Geral da Aeronáutica, 29
Arquivo Geral do Cenimar, 21
Arquivo Nacional, 12, 78, 80-1, 118, 127, 132
Arroyo, Ângelo, 134
Arsenal da Marinha, 19
Assembleia Nacional Constituinte (1987-88), 96

Associação de Marinheiros e Fuzileiros Navais do Brasil (AMFNB), 19
Ato Institucional nº 1 (AI-1 — 1964), 129
Ato Institucional nº 5 (AI-5 — 1968), 129
Atomobrás, 12, 14
Augusto, Agnaldo Del Nero, coronel, 82
Áustria, 110

B ahia, 32
Balboni, Luiz Fogaça, 147
Banco do Brasil, 29
Banco Nacional de Habitação, 29
Baptista, Marco Antônio Dias, 148
Barbosa, José Milton, 145
Barcellos, Maria Auxiliadora Lara, 148
Barreto, José Campos, 144
Barreto, Otoniel Campos, 150
Barros, Adhemar de, 101
Barros, Jonas José de Albuquerque, 144
Barros, Lima, capitão de corveta, 44
Barroso, Jana Moroni, 61, 142, 166n
Base Aérea do Galeão, 59
Basso, Jorge Alberto, 144
Bastos, Márcio Thomaz, 81-2
Bastos, Paulo Costa Ribeiro, 150
Batista, Uirassu de Assis, 61, 153
Belém, 16, 31, 160n, 170n
Belo Horizonte, 160n, 170n
Beltrão, Gastone Lúcia de Carvalho, 140, 180n

Benetazzo, Antônio, 134
Benevides, Luís Alberto Andrade de Sá e, 146
Berbert, Ruy Carlos Vieira, 152
Biblioteca Nacional, 24, 29, 114
Bismarck, Otto Von, 23
Bolívia, 50, 105
bomba atômica (soviética), 67
Brasil: nunca mais (livro da Arquidiocese de São Paulo), 82
Brasília, 16, 37, 39, 43, 54, 75, 77, 93, 104, 106, 111, 114, 117, 160*n*, 170*n*
Brianezi, José Idésio, 144
Brilhante Ustra, Carlos Alberto, coronel, 130
Brito, Juares Guimarães de, 146
Brizola, Leonel, 50-1
Bronca, Ermelinda Mazzafero, 62
Bronca, José Huberto, 62, 144, 166*n*
Brum, Cilon Cunha, 137, 165*n*
Burnier, João Bosco Penido, 143

C
abral, Antônio Carlos Nogueira, 134
Cabral, Getúlio de Oliveira, 141
Calatrone, João Gualberto, 61, 86, 166*n*
Callado, Daniel Ribeiro, 137, 165-6*n*
Câmara dos Deputados, 12, 75, 91-2
Câmara Neto, Umberto de Albuquerque, 153
Camargo, Edmur Péricles, 138
Capriglione, Anna Gimel Benchimol, 101-2
Cardoso, Fernando Henrique, 14, 74-7, 96, 101, 128
Cardoso, Rosa *ver* Cunha, Rosa Maria Cardoso da

Cardozo, José Eduardo, 103
cartas-bombas, 44, 58
Carvalho, Amaro Luiz de, 134
Carvalho, Daniel José de, 137
Carvalho, Devanir José de, 138
Carvalho, Joel José de, 143
Carvalho, José Murilo de, 114, 126
Carvalho, Marco Antônio Braz de, 148
Casa Civil, 77, 91-2, 95-6, 98, 102, 118, 121
Casa da Morte (centro de tortura em Petrópolis), 36, 107
Casemiro, Dênis, 159n
Casemiro, Dimas Antônio, 138
Castello Branco, Humberto, general, 15
Castiglia, Líbero Giancarlo, 166n
Castro, Adyr Fiúza de, coronel, 107
Castro, Antônio Teodoro de, 135, 165n
Castro, Caiupy Alves de, 136
Castro, Milton Soares de, 165n
Cavalcanti Filho, João Paulo, 122
Ceará, 30
CEMDP (Comissão Especial sobre Mortos e Desaparecidos Políticos do Ministério da Justiça), 89
Cenimar (Centro de Informações da Marinha), 17-47, 63-4, 80, 110, 112-4, 117, 119, 124-6, 132
Centro de Armazenamento de Dados do Cenimar, 26-7, 118
Centro de Inteligência do Exército (ex-Centro de Informações do Exército), 106
Centro de Memória sobre a Repressão Política no Brasil, 80
Centro de Pesquisa e Documentação de História Contemporânea do Brasil (CPDOC/FGV), 114

Cerveira, Joaquim Pires, 143
CGI (Comissão Geral de Investigações), 78, 80
Chafurdo do Natal (operação militar contra a guerrilha do Araguaia), 61-2
Chaves, Francisco Manoel, 84-5, 166*n*
Chile, 26, 105, 176*n*
China, 26, 67
choques elétricos, tortura com, 36, 60, 102
Churchill, Winston, 32
CIA (Agência Central de Inteligência dos Estados Unidos), 46, 113
CIDH (Comissão Interamericana de Direitos Humanos), 93-4
CIE (Centro de Informações do Exército), 13, 16-8, 29, 36, 42, 58, 66, 77, 80, 82-4, 92, 106-8, 110, 112, 124, 132-3
Cietto, Roberto, 151, 165*n*
Cisa (Centro de Informações de Segurança da Aeronáutica), 17-8, 34, 42, 59, 80, 110, 112, 124, 132
CNV *ver* Comissão Nacional da Verdade
códigos secretos, 113
Colina (Comando de Libertação Nacional), 35-6, 101
Collier Filho, Eduardo, 139
Collor, Fernando *ver* Mello, Fernando Collor de
Colômbia, 105
Colou, Severino Viana, 152, 165*n*
Comando Aerotático, 162*n*
Comando de Operações Navais, 162*n*
Comando Militar da Amazônia, 162*n*
Comando Militar do Nordeste, 162*n*
Comando Militar do Planalto, 43

Comando-Geral de Operações Aéreas, 162n
Comissão da Reforma do Código Penal, 109
Comissão de Direitos Humanos da Câmara dos Deputados, 75, 91-2
Comissão de Familiares de Mortos e Desaparecidos Políticos, 89, 102
Comissão de Minas e Energia da Câmara dos Deputados, 12
Comissão Nacional da Verdade (CNV), 14, 103-6, 108-11, 114-5, 117-8, 121-2, 124-8, 154
Comissão Nacional de Energia Nuclear, 12
comunismo, 67, 82
Congresso da União Nacional dos Estudantes (1968), 30-1, 33
Congresso Nacional, 41
Conselho da Justiça Federal, 109
Conselho Nacional de Justiça, 109
Constituição brasileira (1988), 131
Convenção Americana sobre Direitos Humanos, 94
Coojornal, 160n
Coqueiro, Aderval Alves, 133
Coqueiro, Dinaelza Santana, 138, 166n
Coqueiro, Vandick Reidner Pereira, 61, 153
coquetéis molotov, 107
Corrêa, Ana Maria Nacinovic, 134, 180n
Corrêa, Elmo, 139, 166n
Corrêa, Maria Célia, 148, 166n
Corrêa, Maurício, 57, 60, 64, 74, 103, 154
Corrêa, Telma Regina Cordeiro, 153
Corte Interamericana de Direitos Humanos da OEA, 94-5
Costa e Silva, Arthur da, general, 15-7, 159n
Costa Rica, 94

Costa, Antônio de Pádua, 61, 135, 165n
Costa, David Capistrano da, 138
Costa, Elson, 139
Costa, José Raimundo da, 145
Costa, Lourival Massa da, coronel, 11
Costa, Oswaldo Orlando da, 123, 150
Costa, Walkíria Afonso, 153, 166n
Couto e Silva, Golbery do Couto e Silva, general, 17
Covas, Mário, 51
Crispim, Joelson, 144
CSN (Conselho de Segurança Nacional), 78, 80; *ver também* SG/CSN (Secretaria Geral do Conselho de Segurança Nacional)
Cuba, 33, 77
Cunha, Hamilton Fernando, 141
Cunha, Luiz José da, 147
Cunha, Rosa Maria Cardoso da, 125, 177n, 181n
Curitiba, 160n, 170n

D

allari, Pedro, 127, 177n
Danielli, Carlos Nicolau, 137
De Gaulle, Charles, 32
Debray, Régis, 101
Delgado, Ieda Santos, 142
Delizoicov, Eremias, 139
democracia, 48-9, 55, 57, 74, 108, 131-2; *ver também* redemocratização do Brasil
Departamento de História da FAFICH, 115
destruição de documentos sigilosos, regras para a, 67, 70-2

DI (Departamento de Inteligência), 74
Dias, João Alfredo, 142
Dias, José Carlos, 126, 177n
Dipp, Gilson, 109, 110
Dirceu, José, 77
Diretas-Já, campanha das (1984), 76
ditadura civil-militar (1964-85), 13-5, 18-9, 27, 36-7, 40, 44, 47-50, 52-3, 55, 63-4, 66, 72, 74-8, 80-2, 88-9, 91-2, 94-5, 99, 101-6, 108, 111-6, 118, 120-1, 123-5, 127-32
Divisão de Registro do Cenimar, 20-2, 25-7, 38, 44
Divisão de Segurança e Informações do Ministério da Agricultura (DSI), 54-5
DOI/Codi (Destacamento de Operação de Informações/Centros de Operação de Defesa Interna), 20, 34, 36, 46-7, 60, 63, 79-80, 112, 130, 132
Domingos, Guilherme Afif, 51
DOPS/SP (Departamento de Ordem Política e Social da Polícia Civil de São Paulo), 19, 76
Dourado, José Lima Piauhy, 61, 145, 166n
Dourado, Nelson Lima Piauhy, 149, 166n
Dragon, René, 24
Drumond, João Batista Franco, 143
Duarte, Edgar de Aquino, 138
Dutra, Eurico Gaspar, general, 67

E

El Salvador, 105, 176n
Elbrick, Charles, 51
Embaixada dos Estados Unidos no Brasil, 38, 44
Época (revista), 114

Equador, 176n
Escobar, Felix, 64, 116, 140, 159n, 167n
Escola de Guerra Naval, 31
espiões, 18, 112
Esquadrão da Morte de São Paulo, 19
Estado de S. Paulo, O, 62, 160n
Estado-Maior das Forças Armadas, 16, 42-3, 46, 52-3, 55-6, 68, 100, 162n
Estados Unidos, 24, 38, 44, 46, 59, 93, 113
estudantes *ver* movimento estudantil; universitários
Executivo, Poder, 14, 57, 74, 95, 104-5
Exército, 13, 15-7, 19-20, 26, 29, 31, 33-5, 39-40, 42, 44-6, 52, 57-8, 61-3, 65-6, 69, 74-5, 82-92, 94-5, 101, 103, 106-11, 116, 118, 120-1, 124, 127, 129 *ver também* força terrestre

Faculdade de Filosofia e Ciências Humanas da UFMG (FAFICH), 115
Faria, Luiz Renato do Lago, 147
Farias, Bergson Gurjão, 30-1, 35, 88, 136, 159n, 165n
Félix, Jorge Armando, general, 78
Ferraz, Lucas, 127
Ferreira, Aluizio Palhano Pedreira, 159n
Ferreira, Dorival, 138
Ferreira, Fernando Borges de Paula, 140
Ferreira, Joaquim Câmara, 143
FHC *ver* Cardoso, Fernando Henrique
Fiel Filho, Manoel, 123, 147, 165n
Figueiredo, João Baptista de Oliveira, general, 12-3, 18, 48
Figueiredo, Maria Regina Lobo Leite de, 148

Figueiredo, Raimundo Gonçalves de, 151
Fleury, Carlos Eduardo Pires, 136
Fleury, Sérgio Paranhos, 19
Fleury, Walter Kenneth Nelson, 154
Folha de S.Paulo, 78, 127
Fonseca Filho, Adriano, 133, 165-6n
Fonseca, Eduardo Antônio da, 139
Fonseca, Fernando Augusto da, 140
Fonseca, Marcos Nonato da, 148
Fonteles, Cláudio, 177n
força aérea, 17, 58-9; *ver também* Aeronáutica
Força de Paz da Organização das Nações Unidas, 108
Força Expedicionária Brasileira, 67
força naval, 17, 21-2, 63, 113, 116, 118, 122-3, 125, 128; *ver também* Marinha
força terrestre, 16-7, 29, 31, 34, 61-2, 66, 75, 84, 86, 94, 118; *ver também* Exército
Forças Armadas, 12-4, 16, 18-9, 29, 31, 33, 37, 42-3, 46, 48-53, 55, 57-8, 64-6, 68-9, 72, 74-7, 79, 81-3, 89-90, 92, 94-6, 98-100, 102, 104, 106, 109-12, 114, 116-7, 121, 124-5, 127-31
Fortaleza, 160n, 170n
Fortes, Hélcio Pereira, 141
França, 23
Franco, Itamar, 14, 57, 74, 92, 103, 128
Freire, Eiraldo de Palha, 139, 180n
Freire, Roberto, 51
Freitas, Carlos Alberto Soares de, 136
Frota, Sylvio, general, 107
Fructuoso, Armando Teixeira, 136
Fuji, 28

Fujimori, Yoshitane, 154
Fundação Getúlio Vargas, 114
Fundo Naval, 25
Furnas, 29, 37
Furtado, Sérgio Landulfo, 152

Gabeira, Fernando, 50-1
Gabinete de Segurança Institucional (GSI), 78, 108
Gambetta, Léon, 23
Garlippe, Luisa Augusta, 146, 166*n*
Geisel, Ernesto, general, 41, 48, 107
Ghilardini, Luiz, 147
Globo, O, 61, 64
Goiás, 26
golpe militar (1964), 17-8, 34, 113, 129
Gomes, Ângela Maria de Castro, 114, 126
Gomes, Jeová Assis, 123, 142
Gonçalves, Leônidas Pires, general, 66, 82-4, 88-9, 91-2,
    129-30
Gonzalez-Cueva, Eduardo, 105
Goulart, Helber José Gomes, 141
Goulart, João, 18, 129
Grabois, André, 86-7, 90, 134, 165*n*
Grabois, Maurício, 61-2, 149, 166*n*
Grupo Secreto (grupo terrorista ligado ao CIE), 58
GTT (Grupo de Trabalho Tocantins), 94
Guariba, Heleny Ferreira Telles, 141
Guatemala, 105, 176*n*
Guedes, Célio Augusto, 137, 165*n*

Guerra Franco-Prussiana (1870-1), 23
Guerra Fria, 67
guerrilha rural, 21, 35; *ver também* Araguaia, Guerrilha do
guerrilha urbana, 31, 40, 102
guerrilheiros, 19, 31, 33-6, 40, 51, 59-62, 75, 77, 83-4, 86, 88, 94, 102, 107, 113, 123
Guevara, Ernesto Che, 32, 50
Guimarães, Honestino Monteiro, 141
Guimarães, Ulysses, 51

H
aas Sobrinho, João Carlos, 35, 61, 87, 89, 143, 159n, 166n
Haas, Sônia, 89
Habegger, Norberto Armando, 149
Haiti, 108, 176n
Hanssen, Olavo, 149
Henning, Geraldo Azevedo, almirante, 39
Herzog, Vladimir, 60, 123, 153
Hirata, Luiz, 147
Hitler, Adolf, 32, 67
Hoffmann, Gleisi, 118, 121
Holleben, Ehrenfried von, 51

I
avelberg, Iara, 142
Ibiúna, 31
Ilha das Cobras, 19
Ilha das Flores, 19
imprensa, 14, 35, 41, 49, 54, 58-62, 81-3, 95, 110, 125, 130
International Center for Transitional Justice, 105

Itália, 67
Itamaraty, 110

Jesus, Ismael Silva de, 165n
Jobim, Nelson, 95-9, 102, 109-11
Joffily, Mariana, 132
Jones, Norman Angel, 59
Jones, Sônia Maria de Moraes Angel, 152
Jones, Stuart Edgar Angel, 58-60, 152, 165n
Judiciário, Poder, 14, 80, 93, 95
Justiça Militar, 31, 33, 69, 102

Kanayama, Suely Yumiko, 152
Kehl, Maria Rita, 127, 177n
Kennedy, John, 32
Kodak, 24, 28, 45
Kucinski, Ana Rosa, 134

Lacerda, Gildo Macedo, 141
Lamarca, Carlos, ex-capitão, 19, 101, 123, 137, 159n
Lana, Antônio Carlos Bicalho, 134
Lanari, Roberto, 151
Lei da Anistia (1979), 48-9
Leite, Edu Barreto, 138
Leite, Eduardo Collen, 139
Leme, Alexandre Vannucchi, 134
Lênin, Vladimir, 32

Lima, Almir Custódio de, 134
Lima, Antônio Alfredo de, 86-7, 165n
Lima, José Montenegro de, 145
Lima, Marcos José de, 62
Lima, Raimundo Ferreira, 151
Lima, Tito de Alencar, 153
Lisbôa, Luiz Eurico Tejera, 147
Lisbôa, Suzana Keniger, 89
Lobo, Lelio Viana, brigadeiro, 60
Londres, 33
Loyola, Leandro, 163n, 178n
Lucena, Antônio Raymundo de, 122, 135, 180n
Lucena, Zenildo, general, 61, 92
Lula *ver* Silva, Luiz Inácio Lula da
Lund, Guilherme Gomes, 61-2, 141, 166n
luta armada, 18, 32-3, 35, 40, 59, 66, 77, 101
Luther King, Martin, 32
Luz, James Allen, 159n

Macarini, Roberto, 151, 165n
Machado, Antônio Joaquim de Souza, 135
Machado, José Carlos Novaes da Mata, 144
Machado, Márcio Beck, 148
Magalhães, Hélio Luiz Navarro de, 141, 166n
Magalhães, Juracy, 32
Mantega, Guido, 117
Mao Tsé-tung, 26
Marabá, 43, 62
Maranhão Filho, Luiz Ignácio, 147

Mardini, Felícia, 33
Maria, Gilberto Olímpio, 62, 141, 166n
Marighella, Carlos, 31-2, 137
Marinha, 15-9, 21-2, 24-5, 27-32, 34-5, 37-44, 46, 52, 57-8, 62-5, 69, 74-5, 95, 103, 109, 112-3, 116, 118-25, 127-8, 133, 154; *ver também* força naval
Marques, Jarbas Pereira, 142
Marques, Paulo Roberto Pereira, 62
Martinho, Francisco Carlos Palomanes, 176n
Massa, Paulo César Botelho, 150
Massacre da Chácara São Bento, 19
Mattos, Antônio Sérgio de, 135
Mattos, Wânio José de, 154
Mayr, Frederico Eduardo, 140
Médici, Emílio Garrastazu, general, 12, 17-8, 33, 41, 112
Meira, David de Souza, 138
Meirelles Netto, Thomaz Antônio da Silva, 153
Mello, Fernando Collor de, 14, 51, 53-7, 74, 128
Melo, João Massena, 143
Mendes, Ivan de Souza, general, 49, 53-5
Menin, Nella Oliveira, 90
Merlino, Luiz Eduardo da Rocha, 147
microfilmes, 23-40, 42, 45-6, 63-4, 72, 78, 98, 106, 112-4, 116-9, 121, 125-6, 132
militantes de esquerda, 32, 101
Minas Gerais, 115
Ministério da Aeronáutica, 162n
Ministério da Agricultura, 54, 55
Ministério da Defesa, 91, 94, 108-10, 121-2, 124
Ministério da Justiça, 58-9, 61-6, 84, 89, 92, 116, 122

Ministério da Marinha, 37
Ministério do Exército, 162n
Ministério Público, 14, 61, 89-90, 95, 130-1, 166n
Miranda, Ari da Rocha, 135
Miranda, Jayme Amorim de, 142
Miranda, Nilmário, 75, 77
Moitinho, Vitorino Alves, 153
Molina, Flávio Carvalho, 140
Momente, Orlando, 62
Mortati, Aylton Adalberto, 123, 136, 159n
Moura Neto, Júlio Soares de, almirante, 119, 122, 154
Moura, Manoel Lisbôa de, 148
movimento estudantil, 30, 41
Movimento Revolucionário Oito de Outubro (MR-8), 50, 59
Movimento Revolucionário Tiradentes (MRT), 113
Mussolini, Benito, 67

N

azareth, Helenira Resende de Souza, 35, 63, 116, 141, 159n, 166-7n
Nehring, Norberto, 149, 165n
Neves, Tancredo, 48-9
nitropenta, bombas à base de, 58, 164n
Nóbrega, Lígia Maria Salgado, 146
Novaes, Walter Ribeiro, 154
NUCOMDABRA, 162n
Nunes, Adalberto de Barros, almirante, 39, 112
Nunes, Luiz Paulo da Cruz, 147
Nurchis, Manoel José, 87, 147, 166n

OAB (Ordem dos Advogados do Brasil), 58, 107, 123
Oban (Operação Bandeirantes), 33-4, 102
OEA (Organização dos Estados Americanos), 93-4
Oest, Lincoln Cordeiro, 146
Okama, Francisco Seiko, 140
Okano, Issami Nakamura, 142
Oliveira Filho, Pedro Alexandrino, 150
Oliveira, Antônio dos Três Reis de, 33, 64, 90, 116, 135, 159*n*, 167*n*
Oliveira, Antônio Marcos Pinto de, 135
Oliveira, Baltazar, 90
Oliveira, Celso Gilberto de, 137
Oliveira, Ciro Flávio Salazar de, 35, 87, 116, 137, 159*n*, 165*n*, 167*n*, 180*n*
Oliveira, Fernando Augusto de Santa Cruz, 140
Oliveira, Francisco José de, 90, 140
Oliveira, Gerson Theodoro de, 140
Oliveira, Izis Dias de, 32-3, 64, 116, 142, 159*n*, 167*n*
Oliveira, José Toledo de, 61, 84-5, 90, 146, 166*n*
Oliveira, Manoel Alves de, 147
Oliveira, Maria do Socorro de, 34
Oliveira, Marida Toledo de, 90
ONU (Organização das Nações Unidas), 108
Operação Marajoara (campanha militar contra a guerrilha do Araguaia), 107
Operação Master (Cenimar), 112
Operação Netuno (Cenimar), 38, 112
Operação Registro (Cenimar), 38, 112
Operação Segurança e Terrorismo Postal (Cenimar), 45
Ornellas, Henrique Cintra Ferreira de, 141, 165*n*

Orvil: tentativas de tomada do poder (livro do CIE), 66, 82-4, 88-92

Paiva, Ana Lúcia, 34
Paiva, Eunice, 34
Paiva, Marcelo Rubens, 34
Paiva, Maria Beatriz, 34
Paiva, Maria Eliana, 34
Paiva, Rubens Beyrodt, 34-5, 64, 117, 123, 151, 159*n*, 167*n*
Paiva, Vera Sílvia, 34
Palácio do Planalto, 15, 18, 49, 54, 57, 76, 78, 103, 107-8, 117
Panamá, 105, 176*n*
Pará, 16, 29, 43, 85
Paraíso (sede do Cisa), 59
Paraná, 34
Paris, 23
Patrício, José Maurílio, 145, 166*n*
pau-de-arara, 59, 102
Paula, Jorge Aprígio de, 144
Paulino, Lourival Moura, 159*n*, 166*n*
PCB (Partido Comunista Brasileiro), 21, 31, 51
PCdoB (Partido Comunista do Brasil), 21, 26, 31, 35, 50, 63, 86, 88, 113
PDT (Partido Democrático Trabalhista), 50
Penteado, Francisco Emanuel, 140
Pereira do Rosário, Guilherme, sargento, 13
Pereira Júnior, Tobias, 153
Pereira Neto, Antônio Henrique, 135
Pereira, Alex de Paula Xavier, 133

Pereira, Aurea Eliza, 136, 165n
Pereira, Dermeval da Silva, 138, 166n
Pereira, Hiran de Lima, 141
Pereira, Iuri Xavier, 142
Pereira, Jorge Leal Gonçalves, 159n
Peri, Enzo Martins, general, 108, 111, 119
Peru, 105, 176n
Petrópolis, 36, 107
Pezzuti, Ângelo, 134
Pfützenreuter, Rui Osvaldo Aguiar, 152, 180n
Pimenta, Reinaldo Silveira, 151, 165n
Pinheiro, José Silton, 145
Pinheiro, Paulo Sérgio, 177n
Pinheiro, Wilson Souza, 154
Pinto, António Costa, 176n
Pinto, Antônio Ferreira, 165n
Pinto, Maria Regina Marcondes, 148
Pinto, Onofre, 150
Pires, Waldir, 92-3, 95
PL (Partido Liberal), 51
PMDB (Partido do Movimento Democrático Brasileiro), 49, 51, 96
poder civil, 64, 74, 108, 111, 116, 124, 127, 131
poder militar, 74, 131
Polari, Alex, 59
Polícia Federal, 20, 38-9, 44, 75
Pomar, Pedro Ventura Felipe de Araújo, 150
Portela, Fernando, 160n
Porto Alegre, 117, 160n, 170n
Prata, Mário de Souza, 149

prazos máximos de sigilo de documentos, 76, 98, 106, 131, 169n, 175n
Preis, Arno, 136
Prêmio Esso, 170n
Presidência da República, 11, 18, 41, 108
1ª Brigada de Artilharia Antiaérea, 162n
PRN (Partido da Reconstrução Nacional), 51
Procuradoria Federal dos Direitos do Cidadão, 91
Projeto Orvil ver *Orvil: tentativas de tomada do poder* (livro do CIE)
Projeto República (equipe de pesquisadores a serviço da CNV), 115-6, 127
PSDB (Partido da Social Democracia Brasileira), 51, 96
PT (Partido dos Trabalhadores), 48, 50, 76-7, 80, 96
Pujol, Edson Leal, general, 108
PV (Partido Verde), 50

Q
uaresma, Edson Neves, 138
quartéis, 49-50, 129
Queiroz, Ronaldo Mouth, 151
Quintiliano, Túlio Roberto Cardoso, 153

R
ecife, 19
Rede Ferroviária Federal, 29
redemocratização do Brasil, 88, 111, 129-30, 132
regime militar (1964-85), 12-3, 16, 48, 63-4, 80, 82, 112, 115, 120, 125, 131
regras para a destruição de documentos sigilosos *ver*

destruição de documentos sigilosos, regras para a
Reicher, Gelson, 140
Reichstul, Pauline Philipe, 150
Reis Filho, Daniel Aarão, 114, 126
Reis, João Carlos Cavalcanti, 143
Resende, Iris, 54
Revolução na revolução, A (Debray), 101
Reyes, Lauriberto José, 146
Reys, Ronaldo Velloso Netto dos, capitão, 36, 38-9
Ribas, Antonio Guilherme Ribeiro, 135, 165-6n
Ribeiro, Carlos Alberto Cabral, general, 46
Ribeiro, Maria Ângela, 148
Rio de Janeiro, 13, 19, 22, 33, 36-7, 46, 59, 63, 102, 120, 160n, 170n
Riocentro, atentado do (1981), 13, 107
Rita, João Batista, 143
Rocha, Arnaldo Cardoso, 136
Rocha, Ezequias Bezerra da, 64, 116, 122-3, 139, 159n, 167n
Rocha, Leonel, 111, 114, 116
Roda Viva (programa de TV), 81
Rodrigues, Luiz Afonso Miranda da Costa, 146
Rodrigues, Paulo Mendes, 61-2
Rodrigues, Ranúsia Alves, 151
Rodrigues, Ronaldo Conceição dos Santos, ex-cabo, 12-4
Rodriguez, Roberto Rascado, 151
Roman, José, 145
Romeu, Inês Etienne, 36
Roque, Lincoln Bicalho, 146
Rosa, Ary Abreu Lima da, 136, 165n
Rousseff, Dilma, 14, 77, 92-3, 96, 99, 101-3, 105-6, 108, 111, 117-8, 123, 125, 128

Sabbag, José Wilson Lessa, 146
Saboia, Valdir Salles, 153
Saito, Juniti, brigadeiro, 120
Salvador, 31, 160n, 170n
Salvador, major, 29
Santa Barbára, Luiz Antônio, 147
Santos, Alberi Vieira dos, 133
Santos, Emmanuel Bezerra dos, 139
Santos, Joel Vasconcelos, 63, 117, 143, 159n, 167n
Santos, José Anselmo dos, cabo, 18-9
Santos, Miguel Pereira dos, 84, 149, 166n
Santos, Sidney Fix Marques dos, 152
Santos, Silvano Soares dos, 152
São Conrado, 19
São Paulo, 19, 22, 32-3, 36, 60, 76, 82, 101-2, 113, 130, 160n, 170n
Saraiva Neto, Custódio, 137, 165n
Saraiva, Bernardino, 123, 136
Sarmento, Syzeno, general, 46
Sarney, José, 14, 49-50, 54, 66, 74, 76-7, 83, 89-90, 102, 111, 128
Schreier, Chael Charles, 137
Seção de Arquivamento do Cenimar, 22-3
Seção de Microfilmagem do Cenimar, 27-9, 31, 33, 36-7, 45
Seção de Processamento do Cenimar, 26
Secretaria de Assessoramento de Defesa Nacional, 162n
Secretaria Especial de Direitos Humanos, 92
Segunda Guerra Mundial, 65
2ª Força Aérea, 162n
Seixas, Joaquim Alencar de, 143

selva amazônica, 40
Senna, Enio Martins, tenente-coronel, 11-4
serviço secreto da Aeronáutica *ver* Cisa (Centro de
    Informações de Segurança da Aeronáutica)
serviço secreto da Marinha *ver* Cenimar (Centro de
    Informações da Marinha)
serviço secreto do Exército *ver* CIE (Centro de Informações
    do Exército)
6º Batalhão da Polícia Militar, 63
SG/CSN (Secretaria Geral do Conselho de Segurança
    Nacional), 11-2, 68, 99, 162*n*
sigilo, quatro graus de (na classificação de documentos),
    20, 66, 71, 96
Silva, Alceri Maria Gomes da, 133
Silva, Antônio Carlos de Oliveira da, 167*n*
Silva, Eudaldo Gomes da, 139
Silva, Eumano, 81, 115, 163*n*, 178*n*
Silva, Jaime Petit da, 142
Silva, João Domingos da, 143
Silva, José Manoel da, 145
Silva, Kleber Lemos da, 85, 117, 146, 159*n*, 166-7*n*
Silva, Lucio Petit da, 146, 166*n*
Silva, Luiz Inácio Lula da, 14, 50-1, 53, 76-7, 80-2, 90, 93-4,
    96, 99, 101-2, 104, 128
Silva, Luiz René Silveira e, 61, 147, 166*n*
Silva, Lyda Monteiro da, 58, 123, 147, 164*n*
Silva, Maria Lúcia Petit da, 61, 86, 148, 159*n*, 166*n*
Silva, Mariano Joaquim da, 35-6, 148, 159*n*
Silva, Nilton Rosa da, 149
Silva, Paulo de Tarso Celestino da, 150

Silva, Raimundo Eduardo da, 150
Silva, Virgílio Gomes da, 153, 159n
Silva, Wilson, 154
Silveira, Maurício Guilherme da, 149
Sindicato dos Metalúrgicos de São Bernardo do Campo e Diadema, 76
sindicatos, 41
SNI (Serviço Nacional de Informações), 17-8, 20, 42, 44, 49, 51-5, 74, 77-8, 80, 112-3
Soares, Manoel Raimundo, 148
Soares, Ruy Frasão, 152
Sousa, Rosalindo, 151
Souto, Edson Luiz Lima, 138
Souza Neto, Aldo de Sá Brito, 133
Souza, Divino Ferreira de, 86, 138, 166n
Souza, Evaldo Luiz Ferreira de, 139
Souza, João Roberto Borges de, 143
Souza, José Bartolomeu Rodrigues de, 144
Souza, José de, 144
Souza, José Porfírio de, 145
Souza, Lucia Maria de, 146, 166n
Souza, Odijas Carvalho de, 149
Souza, Pedro Jerônimo de, 150
Spiegner, José Roberto, 145
Stálin,Ióssif, 32
Studart, Hugo, 115
Superior Tribunal de Justiça, 109
Supremo Tribunal Federal, 96

Teixeira, Antônio Carlos Monteiro, 35, 84-5, 116, 134, 159n, 165-7n
Teixeira, Dinalva Conceição Oliveira, 138, 166n
Teixeira, José Gomes, 64, 117, 144, 167n
3ª Brigada de Infantaria Motorizada, 29
Thomaz, Maria Augusta, 148
Tocantins, 26, 86, 88
Torigoe, Hiroaki, 141
tortura, 14, 20, 31, 36, 46, 59-60, 63, 75, 77, 79, 82, 88, 102, 105, 113, 124-5, 132
torturadores, 19
Tours (França), 23
Transamazônica, 86-7
Troiano, Rodolfo de Carvalho, 151
TV Cultura, 81

UNE (União Nacional dos Estudantes), 31, 33
União (Governo do Brasil), 29, 75, 77
União Soviética, 67
United Press, 34
Universidade de São Paulo (USP), 33
Universidade Federal de Minas Gerais (UFMG), 115
Universidade Federal do Ceará, 30
Universidade Federal do Rio de Janeiro (UFRJ), 59, 114
Universidade Federal Fluminense (UFF), 114
universitários, 21, 59
Uruguai, 105, 176n

Valadão, Arildo, 136, 165n
Valle, Ramires Maranhão do, 151
Vanguarda Armada Revolucionária Palmares (VAR-Palmares), 35, 101
Vanguarda Popular Revolucionária (VPR), 19, 35-6, 59, 101, 133
Vannuchi, Paulo, 92
Veloso, Itair José, 142
Vera, Nestor, 149
Viedma, Soledad Barrett, 19, 152
Viegas Filho, José, 82
Vieira, Luiz, 62
Vieira, Mário Alves de Souza, 149
23ª Brigada de Infantaria da Selva, 43, 162n
Voerões, Alexander José Ibsen, 134, 180n

Washington (Estados Unidos), 93
Weichert, Marlon Alberto, 104-5
Wright, Paulo Stuart, 150

Xambioá, 26, 62, 85

Zanirato, Carlos Roberto, 137, 165n

ESTA OBRA FOI COMPOSTA EM ABRIL TEXT E BUREAU GROTESQUE POR KIKO FARKAS E ANA LOBO/MÁQUINA ESTÚDIO E IMPRESSA EM OFSETE PELA GEOGRÁFICA SOBRE PAPEL PÓLEN SOFT 90G/M² PARA A EDITORA SCHWARCZ EM SETEMBRO DE 2015

A marca FSC® é a garantia de que a madeira utilizada na fabricação do papel deste livro provém de florestas que foram gerenciadas de maneira ambientalmente correta, socialmente justa e economicamente viável, além de outras fontes de origem controlada.